El Código de la Biblia

Los enigmas de las Sagradas Escrituras

Prof. Arturo Guzmán Balaguer
Dr. Joaquín Zorrilla Albornoz

El código de la Biblia
Los enigmas de las Sagradas Escrituras
es editado por
EDICIONES LEA S.A.
Bonpland 2273 C1425FWC
Ciudad de Buenos Aires, Argentina.
E-mail: edicioneslea@latinoa.com.ar
Web: www.librosyrevistas.net

ISBN Nº 987-21776-6-X

2º Edición
Impreso en Argentina.
Talleres gráficos M Libros.
Abril de 2005

INTRODUCCIÓN

¿ Pero todavía tu crees en los cuenticos de la Biblia ?

Aliento divino

¿Por qué nunca fue encontrada al Arca de Noé, pese a que fue sistemáticamente buscada en distintas épocas? ¿Cuál es la causa de que haya existido una campaña de ocultamiento y silencio en torno a los denominados *Evangelios Apócrifos*? ¿Por qué se considera a María Magdalena una prostituta cuando la *Biblia* no dice tal cosa? ¿Cómo pudieron desaparecer diez tribus de Israel y nunca jamás ser encontradas? Un lector atento de la *Biblia* puede hacerse esas y muchas otras preguntas. Y este libro está aquí para darles respuesta.

Los creyentes que se acercan a la *Biblia* lo hacen, en general, desde la siguiente perspectiva: dan por sentado (porqué así se lo han hecho creer por los siglos de los siglos) que se trata de la verdad absoluta y literal inspirada por Dios y que, por lo tanto, contiene una descripción exacta y, por ende, histórica –en el sentido pleno del término– de lo que ocurrió. Y, por supuesto, también suponen que la única misión de la

Biblia es revelar "cómo fueron las cosas" desde el mismísimo principio (el *Génesis*) sin ningún tipo de objetivo oculto.

Sin embargo, la supuesta palabra o aliento divino de la *Biblia* no es tal. La compilación de textos conocida con tal nombre es, en realidad, una colección de escritos sumamente diversos. No es la palabra de Dios lo que allí se encuentra, sino la de muchos hombres que trabajaron en esa compilación con un objetivo muy concreto y por demás terrenal: que el producto final resultara funcional al poder sacerdotal-patriarcal que necesita imperiosamente instalarse en la cima del dominio. Para tamaño objetivo, fue necesario:

+ Reciclar antiguos mitos y leyendas (egipcios, asirios, babilonios, griegos), "lavarles la cara" y adaptarlos, de modo tal que aparecieran como originales. Ejemplo de ello son: la idea de que Dios comenzó la creación con la palabra, el árbol del bien y del mal que se encontraba en el paraíso, el diluvio y la transformación de la mujer de Lot en columna de sal, entre otros.

+ Borrar o distorsionar imágenes femeninas. Por ejemplo, se niega a Lilith (la primera mujer de Adán, según la tradición rabínica) y se suprime toda referencia al carácter de discípula de Cristo de María Magdalena. Esto llega al punto de, lisa y llanamente, hacer desaparecer el principio divino femenino.

+ Negarse a incluir los escritos que dan cuenta de una visión distinta de los hechos: los **Evangelios Apócrifos**, básicamente, los rollos del Mar Muerto y los papiros de Naj Hammadi.

✦ Excluir toda documentación que mostrara a Cristo como mortal y transformarlo en una figura divina.

✦ Pasar por alto, no otorgarle importancia a los numerosos errores y contradicciones que aparecen como fruto de la multiplicidad de transcripciones a cargo de igual número de escribas (los distintos relatos de la creación que aparecen en el *Génesis*, las variadas versiones de los Diez Mandamientos, etcétera).

✦ Hacer pasar por históricos y, por lo tanto verdaderos, hechos que no lo son, tales como la destrucción de Sodoma y Gomorra, el diluvio y el Arca de Noé.

✦ Presentar como de origen divino acontecimientos perfectamente naturales, tales como las diez plagas de Egipto.

El presente libro, fruto de una exhaustiva investigación bibliográfica y de multiplicidad de entrevistas realizadas a diversos estudiosos de la *Biblia* que abrevan en diferentes corrientes, pretende, nada más y nada menos, que abrir una puerta para que la luz de la verdad comience a entrar.

¡ Ya era hora !

Capítulo 1

La Biblia:
El libro
de los libros

Manantial inacabable de fe para los creyentes, libro sagrado de judíos y cristianos, documento inagotable y siempre abierto a descubrimiento de nuevos datos para los historiadores y fuente de sabiduría para los teólogos... todo eso y mucho más es la *Biblia*, también conocida como *Las Sagradas escrituras*. Pero, antes de adentrarnos en sus múltiples ocultamientos y contradicciones, se impone una pregunta primera que opera como punto de partida ineludible de este ensayo. Esa pregunta, que puede parecer obvia, pero que en realidad no lo es, es: ¿de qué hablamos cuando hablamos de la *Biblia?* Cuando utilizamos esa expresión: ¿sabemos concretamente a qué nos estamos refiriendo?

¿Qué es eso que llamamos la Biblia?

Lo que genéricamente conocemos con el nombre de la *Biblia*, consta de dos obras independientes la una de la otra y separadas... nada menos que por seis siglos. Sí: entre la escritura del *Antiguo* y el *Nuevo Testamento* han pasado la friolera de seiscientos años. En realidad, ambas partes fueron redactadas en circunstancias a todas luces muy distintas y se les concedió un nombre en común solamente porque los eruditos que tradujeron al idioma griego la primera parte (en el siglo III a.C., en la ciudad de Alejandría), le otorgaron este título, que significa: "libro". Pero, insistimos se trata de obras bien disímiles.

A la obra más añeja se convino en llamarla *Antiguo Testamento*, y comienza con el *Pentateuco*, también conocido como *Cinco Libros de Moisés*. Se trata de una colección de textos rica en enigmas, errores y contradicciones que fue escrita (según los estudiosos bíblicos de hoy en día) por un grupo de rabinos cautivos en Babilonia que se inspiraron para hacerlo en tradiciones orales conservadas a lo largo de los siglos.

El *Antiguo Testamento* sufre una suerte de "viaje textual" que es, en líneas generales, el siguiente: en la ciudad de Alejandría es traducido al griego y con ello, sufre sustanciales modificaciones, ya que los escribas cambian o, simplemente, inventan aquello que no logran comprender o que no resulta conveniente al poder que se desea instaurar. Entre los siglos I y VII los denominados Padres de la Iglesia (teólogos cristianos que vivieron en esa época) cambiaron a su antojo puntos diversos del *Antiguo Testamento* y estas anomalías perduraron a lo largo de los siglos, con lo cual fueron aceptadas por la mayoría de los creyentes, si bien no siempre respondían a la verdad histórica y, no pocas veces, carecían de toda lógica.

Hacia finales del siglo IV y principios del V de la era cristiana, San Jerónimo emprende la versión latina, la cual fue conocida posteriormente como *vulgata*. Es esta versión la que en el año 1546 es declarada por el Concilio de Trento como el único texto válido para fines religiosos.

El *Nuevo Testamento* está compuesto por varios libros y narra, básicamente, la vida y pasión de Jesucristo. La organización exacta de la *Biblia*, es la siguiente:

Antiguo Testamento

- Libro del Génesis.
- Libro del Éxodo.
- Libro del Levítico.
- Libro de los Números.
- Libro del Deuteronomio.
- Libro de Josué.
- Libro de los Jueces.
- Libro de Rut.
- Los Reyes: Libro I.
  Libro II.
  Libro III.
  Libro IV.
- Los Paralipómenos: Libro I.
  Libro II.
- Esdras: Libro I.
  Libro II, llamado también Nehemías.
- Libro de Tobías.
- Libro de Judit.
- Libro de Ester.
- Libro de Job.
- Libro de los Salmos.
- Libro de los Proverbios o Parábolas de Salomón.
- Libro del Eclesiastés.
- El Cantar de los Cantares.
- Libro de la Sabiduría.
- Libro del Eclesiástico.

- Advertencia sobre los Profetas en general.
- La profecía de Isaías.
- La profecía de Jeremías.
- Trenos o lamentaciones de Jeremías.
- La profecía de Baruc.
- La profecía de Ezequiel.
- La profecía de Daniel.
- Advertencia general sobre los doce profetas menores.
- La profecía de Oseas.
- La profecía de Joel.
- La profecía de Amós.
- La profecía de Abdías.
- La profecía de Jonás.
- La profecía de Miqueas.
- La profecía de Nahum.
- La profecía de Habacuc.
- La profecía de Sofonías.
- La profecía de Ageo.
- La profecía de Zacarías.
- La profecía de Malaquías.
- Los macabeos: Libro I.
                 Libro II.

Nuevo Testamento

- El Santo Evangelio de Nuestro Señor Jesucristo según San Mateo.
- El Santo Evangelio de Nuestro Señor Jesucristo según San Marcos.
- El Santo Evangelio de Nuestro Señor Jesucristo según San Lucas.
- El Santo Evangelio de Nuestro Señor Jesucristo según San Juan.
- Los hechos de los Apóstoles.
- Epístola del Apóstol San Pablo a los romanos.

- Epístola primera del Apóstol San Pablo a los corintios.
- Epístola segunda del Apóstol San Pablo a los corintios.
- Epístola del Apóstol San Pablo a los gálatas.
- Epístola del Apóstol San Pablo a los efesios.
- Epístola del Apóstol San Pablo a los filipenses.
- Epístola del Apóstol San Pablo a los colosenses.
- Epístola primera del Apóstol San Pablo a los tesalonicenses.
- Epístola segunda del Apóstol San Pablo a los tesalonicenses.
- Epístola primera del Apóstol San Pablo a Timoteo.
- Epístola segunda del Apóstol San Pablo a Timoteo.
- Epístola del Apóstol San Pablo a Tito.
- Epístola del Apóstol San Pablo a Filemón.
- Epístola del Apóstol San Pablo a los hebreos.
- Epístola católica del Apóstol Santiago.
- Epístola primera del Apóstol San Pedro.
- Epístola segunda del Apóstol San Pedro.
- Epístola primera del Apóstol San Juan.
- Epístola segunda del Apóstol San Juan.
- Epístola tercera del Apóstol San Juan.
- Epístola católica del Apóstol San Judas.
- El apocalipsis o revelación del Apóstol San Juan.

Los Libros de Moisés no son tales

Quienes estudian la *Biblia* desde el punto de vista académico tienen, entre otros, el propósito de determinar quién o quiénes la escribieron, cuándo lo hicieron, qué hechos son ciertos y de qué manera llegó a adoptar su actual configuración.

Buena parte de esos estudios se dedican a los primeros cinco libros de la *Biblia*, que son conocidos como *Pentateuco* (palabra griega que significa "cinco rollos") o *Torah* (palabra hebrea que significa "enseñanzas"). Estos libros son: *Génesis, Éxodo, Levítico, Números y Deuteronomio*. Y aunque en ellos no se encuentra ninguna referencia explícita a la autoría de Moisés, hasta mediados del siglo XIX, había sido casi universalmente admitido por los estudiosos de la religión que era su único autor. Esa era la razón de que también se los conociera como *Los cinco libros de Moisés.*

Sin embargo, llegado un momento, un puñado de audaces estudiosos comenzó a destacar una serie de inconsistencias en la hipótesis de que Moisés era su único autor. Por ejemplo, en *Deuteronomio* aparece un episodio que describe el entierro de Moisés, al tiempo que nos dice que el paradero de su tumba es desconocido. Este pasaje reza: "Y él lo enterró (a Moisés) en un valle de la tierra de Moab, frente a Bet-Peor: pero nadie ha sabido de su sepulcro hasta el día de hoy". Por supuesto, lo que este fragmento pone claramente en evidencia es que fue escrito luego de la muerte de Moisés y que, como lógica consecuencia, no pudo ser escrito por él.

En el siglo XVIII, varios estudiosos comenzaron a poner atención en lo que se denominó "el problema de los dobletes". Se conoció con este nombre a la existencia de dos narraciones contradictorias acerca del mismo acontecimiento: dos relatos distintos de la Creación, dos listas diferentes de animales que entraron en el arca de Noé, dos ocasiones en que Moisés hace brotar agua de una roca en Meribá, etcétera. Cuando las características de estos dobletes fueron estudiadas y analizadas, se descubrió en ellos una serie de rasgos inusuales: mientras que todo un grupo de historias utilizaba la palabra hebrea *Yahvé* como nombre del dios hebreo, otra serie de narraciones usaba la denominación Elohim. Eso sirvió para separar los relatos en dos grandes grupos (según el nombre utilizado) y así pudieron descubrirse otra serie de diferencias, básicamente, el hecho de que las narraciones de uno de los conjuntos tenía un determinado estilo literario diferente de las del otro. Por otro lado, también se advertían disparidades en relación a los temas tratados. De esa manera, esa división por nombre, temas y estilos condujo a la idea de que había, como mínimo, dos corrientes literarias separadas que se combinaban en un solo documento y que, por lo menos, una de ellas debía haber sido escrita después del tiempo de Moisés y, por ende, por otro u otros individuos.

La hipótesis documental

La última de las líneas de investigación que acabamos de mencionar condujo a una serie de descubrimientos capitales en el estudio de las *Sagradas Escrituras*. Durante el siglo XIX se realizan estudios literarios diversos sobre el *Pentateuco*: se investigan cómo funcionan las secuencias narrativas, los diferentes estilos de escritura que aparecen, los marcos temporales históricos y los temas religiosos que son abordados. ¿Cuál es la o las conclusiones que se obtienen como fruto de tan detallado análisis? La siguiente: **había, como mínimo, cuatro fuentes documentales distintas en los cinco libros de Moisés, cada una de ellas con su propio punto de vista y escrita en un momento diferente.** Por supuesto, esta hipótesis también presupone la idea de que debió existir, por lo menos, un editor que combinase hábilmente las múltiples fuentes en una sola narración dotada de sentido. Esta tesis de las fuentes múltiples es lo que se conoce como *Hipótesis documental*. La hipótesis documental es, además, una forma de investigar los orígenes de la *Biblia*; para ello, examina el estilo literario, los temas que aparecen, los distintos niveles de lenguaje y las diferentes capas de edición, de modo tal de poder dividir las escrituras en fuentes documentales.

Básicamente, lo que sostiene la Hipótesis documental es que hay cuatro fuentes principales de documentos en los libros de Moisés y que esas fuentes pasaron por sucesivos estadios evolutivos antes de integrarse de manera armónica en una narración única. Esas cuatro fuentes han recibido los motes de J, E, S y D. Y algo fundamental: cuando se habla del autor de alguna de ellas, debe siempre tenerse en cuenta que cada fuente puede muy bien haber sido una colaboración a lo largo del tiempo de varios escribas o escuelas de escribas.

La fuente J

También conocida como *fuente o redacción jehovahista (o yhavista)*, la J de su denominación refiere a la utilización del nombre hebreo *Yahve* (Jehová) para referirse a Dios. En sus orígenes, esta fuente presentaba una historia general de Israel, que empezaba con el relato de la Creación, Adán y Eva y el diluvio y seguía con todo el viaje patriarcal hasta arribar al Éxodo de Egipto y las andanzas por el desierto. Algunos expertos sostienen que originalmente la historia de la fuente J continuaba hasta la época de los reyes David y Salomón y que partes de J aparecen, además de en el *Pentateuco*, en otros libros históricos de las *Sagradas Escrituras*, como el de Josué, los dos libros de Samuel y el primer libro de los Reyes.

¿Cómo es el Dios que se desprende de la lectura de esta fuente? Se trata de una deidad que posee muchos rasgos humanizados, interacciona de manera física con los hombres y se permite mostrar sus emociones ante los acontecimientos. Asimismo, esta fuente focaliza su atención en lugares y circunstancias de importancia para el reino de Judá bajo el rey David y su línea de descendencia. En esta versión, la alianza entre Dios y la casa de Israel termina en manos de Judá, esto es, el cuarto hijo de Jacob y fundador de la tribu del mismo nombre, a la que pertenecía David. Esta fuente se centra más en los patriarcas que en el mismo Moisés.

El origen temporal de esta fuente aún no está totalmente claro. Por un lado, puede situarse en una época tan temprana como la del rey David (principios del siglo X a.C.) y varios estudiosos de esa manera lo consideran. Por otro, como muchos de sus temas dan cuenta del conflicto entre Judá e Israel luego de la muerte de Salomón, su nacimiento puede situarse con mayor probabilidad en algún momento posterior a la separación de Judá e Israel (finales del siglo X a.C.) y antes de la conquista y destrucción de Israel en el año 72 a.C.

Las fuentes E y S

La denominación *fuente E*, refiere a las narraciones que usan a *Elohim* a modo de nombre de Dios. Si bien en un principio se la consideró como una suerte de fuente única, estudios posteriores, más profundos y detallados mostraron que, en realidad, E consistía en, al menos, dos fuentes separadas de documentos que utilizaban la palabra Elohim, como nombre de

19

Dios, pero que presentaban puntos de vista sumamente diferentes. La segunda fuente incrustada en E, focaliza básicamente en aspectos rituales y otros temas sacerdotales (números, medidas, fechas) y por esa razón se la conoce como *fuente S*, letra que proviene de la palabra "sacerdotal".

En relación a la antigüedad de la misma, por lo general se considera que E es más antigua que S, pero más moderna que J y se estima que la fecha más probable de composición es la correspondiente a antes de la conquista asiria. Él o los escribas elohístas focalizan su atención en temáticas vinculadas al reino de Israel y ofrecen versiones de ciertos hechos históricos que resultan contrarias a las presentadas en J. En E, por ejemplo, la alianza entre Dios e Israel se transmite de Jacob a José y a Efraím, cuyo territorio sirvió de capital a Israel, a posteriori de la división de los reinos. Otras características de esta fuente son: la ausencia de toda referencia a la Creación, el inicio de la historia a partir del diluvio y la presentación de un Moisés a modo de héroe nacional. Por su parte, la fuente S (al igual que J) comienza con el relato de la Creación, aunque omite todo tipo de referencia a Adán y Eva y el Edén, aunque hace contribuciones al relato del diluvio.

Nuevamente ¿cuáles son las imágenes de la divinidad suprema construidas por ambas fuentes? Mientras que la deidad de E muestra características humanas (en cierta medida, muy similares a las de la divinidad de la fuente J) el Dios de S es sumamente distante y frío y sin ningún tipo de interacción con los representantes del género humano.

La fuente S, además de su visión diferente de la deidad, se aparta de las demás por su asociación con la rama aaronita del sacerdocio. Las Santas Escrituras presentan a Moisés y Aarón como hermanos de la tribu Leví y, uno de los conflictos que preocupa a la *Biblia* es si solamente los aaronitas o la totalidad de las ramas de la tribu Leví deberían desarrollar las principales funciones sacerdotales del templo. La fuente S muestra una marcada tendencia a privilegiar a Aarón frente a Moisés y defiende que sólo la rama aaronita de los levitas debería llevar a cabo las principales funciones rituales, lo cual sugiere que el autor sacerdotal formaba parte de una secta levita que operaba en Jerusalén y era poseedor de un profundo conocimiento del ceremonial y de las características del templo de Jerusalén. Contrariamente, se supone que el autor de E era probablemente un sacerdote levita descendiente de Moisés que muy posiblemente procedía del centro de culto de Silo, que se alió con Israel cuando éste se apartó de Judá.

Por supuesto, los estudiosos no sólo han detectado oportunamente los varios dobletes entre diferentes versiones sino que, además, han hipotetizado sobre sus posibles causas y han llegado a la conclusión de que reflejan las guerras de propaganda política y religiosa entre Israel y Judá luego de la división de ambas naciones. Judá creía en una autoridad fuerte y centralizada que gobernara desde la capital de Jerusalén, con un rey que ejerciera el poder. E, que englobaba una coalición de varios estados que, teóricamente, abarcaba diez tribus, prefería un sistema descentralizado.

Probablemente, la fecha de composición de S se sitúa entre la conquista asiria y la babilonia de Judá, en el 587 a.C.

Con la caída de Israel, en el 722 a.C. muchos de

sus ciudadanos emigran hacia el sur, con lo cual llevan a Judá nuevas presiones, tanto de índole religioso como político. Los sacerdotes refugiados aportaron el punto de vista de la fuente E, o sea, la que postula un Moisés heroico y argumenta a favor de la igualdad de todos los levitas.

La fuente D

D toma su nombre de *Deuteronomio* que, de manera virtual, no tiene trazas de las otras tres fuentes que hemos mencionado y explicado, de la misma manera en que no aparecen trazas de D en los otros cuatro libros del *Pentateuco*. El análisis de las fuentes muestra que el *Deuteronomio* forma parte de un grupo más extenso de obras que incluye los libros bíblicos de Josué, los dos de Samuel y los dos de Reyes y narra la historia de los hebreos desde Moisés hasta el Cautiverio de Babilonia. Esta colección de libros históricos de la *Biblia* se conoce como "historia del Deuteronomio" y relata la historia de Israel desde la época de Moisés (h. 1300 a.C.) hasta los del rey Josías (h. 622 a. C.).

D evidencia los puntos de vista reformistas de éste último monarca, hacia finales del siglo VII a.C. y comienza con la historia de Moisés. Josías, según relata el texto bíblico, llevó a cabo grandes reformas religiosas de tendencia ortodoxa, volviendo a instalar un gobierno, tanto político como religioso, de características evidentemente centralizadas. El *Libro segundo de los Reyes* declara que la ley de Moisés se había extraviado y que los auxiliares de Josías la hallaron de manera fortuita en algún lugar del templo. Cuando leyó lo encontrado, Josías se sorprendió al averiguar que el reino se había alejado del camino recto y, a modo de reacción, dispuso una serie de modificaciones para volver a conducir al reino según las leyes recientemente descubiertas. Este libro perdido de las leyes sería el *Deuteronomio* y, en caso de haber sido escrito en tiempos de Josías, puede fecharse en torno al 622 a.C.

El tema predominante en esta fuente es la obediencia a Dios; se juzga al pueblo y a sus soberanos según el acatamiento a las leyes establecidas en la fuente D. Buena parte de los reyes fallan en esa prueba y sólo unos pocos (entre ellos, David y Josías) reciben un juicio positivo.

Mucho antes de que los estudiosos enrolados en la corriente de la denominada hipótesis documental ahondaran en el problema de la escritura del *Pentateuco*, otras mentes iluminadas fueron capaces de ver (a todas luces, contra la opinión establecida y aceptada durante siglos) que Moisés no podía haber sido autor de esa serie de libros. Entre ellas, estuvo la de Baruch Spinoza, filósofo judío y holandés del siglo XVII. Especialista, entre otros temas, en el estudio de la cábala y de la filosofía judía medieval, Spinoza expresó: "Está más claro que la luz del día que Moisés no escribió el *Pentateuco*. Lo hizo alguien que vivió mucho tiempo después"

El Nuevo Testamento

Al igual que el *Pentateuco* no fue escrito por Moisés, exégesis profundas, serias y reveladoras han demostrado (y han sido convenientemente silenciadas, por supuesto) que ninguno de los libros que componen el *Nuevo Testamento* fue escrito por discípulos de Cristo o por alguien que hubiera visto los eventos que se describen de primera mano. ¿Qué dicen estos reveladores estudios? Lo siguiente:

+ El *Evangelio de Mateo* fue escrito a mediados de los ochenta, por un judío que era probablemente abogado y levita. El lugar exacto de su origen aún continúa en disputa, pero la ciudad de Antioquía es la candidata principal. Aparentemente, el autor de Mateo tenía un familiar conocimiento del *Evangelio de Marcos*, de modo que muchas de las secciones de su obra se repiten con el libro anterior.

+ El *Evangelio de Marcos*, fue escrito al rededor del año 70 d.C, esto es, a unos 40 años de la muerte de Cristo, por una persona, que según buena parte de los eruditos bíblicos, no parece haber contado con una educación notable y que, por ende, probablemente no fuera un sacerdote. Desde el análisis lingüístico e histórico, algunas pistas apuntan a que el trabajo fue perpetrado en Roma.

+ El *Evangelio de Lucas* fue escrito a pocos años del de Mateo. Muchos eruditos bíblicos están de acuerdo en que Lucas, y los *Hechos de los Apóstoles* son de una misma autoría, y muchas pistas apuntan a que el autor fue un gentil (no Judío), probablemente un galeno griego. Como el autor de Mateo, el escritor de Lucas tuvo acceso al primer *Evangelio de Marcos*, lo cual resulta notable por las similitudes.

+ El *Evangelio de Juan* fue terminado alrededor del año 100 d.C: y, a diferencia de los autores Mateo y

Lucas, el redactor de Juan no parece haber tenido contacto alguno con los primeros textos. El original de Juan fue escrito en griego, y se presupone que fue el trabajo de un estudiante de alguien que oyó a su vez las palabras de Juan el apóstol. Por lo que el *Evangelio de Juan* es una recopilación al menos de tercera mano, y, como en los otros evangelios, atribuye a Cristo palabras que probablemente él nunca pronunció.

¡Será posible que sean tan corruptos y depravados y no hayan engañado de una manera tan descarada!

¿Cual será la Verdadera Verdad?

Capítulo 2

El misterio
de las diez
tribus perdidas

En el año 931 a.C. muere el rey Salomón, quien había reinado desde el año 970 a.C.. Pero la muerte del monarca implicó algo más que la simple desaparición física del hijo y sucesor de David. Con ella, terminó la unidad del pueblo elegido por Jehová, ya que éste se desmembró como consecuencia de las muchas desavenencias surgidas entre las tribus que la formaban. Dos de ellas, la de Judá y la de Benjamín, que descendían de Jacob y de Raquel, permanecieron leales a la casa de David y conservaron a Jerusalén como su capital. Las otras diez, formaron el reino de Israel del que Samaria fue su capital. En el año 718 a.C. Sargón II, quien reinó de 722 a 705 a.C. en Nínive, capital de Asiria, se propuso extender sus dominios y, para ello, invadió el reino de Israel. Los habitantes opusieron feroz resistencia pero, tres años más tarde, la población en su totalidad fue deportada al norte de Asiria y a la Media. Y luego ¿qué sucedió? Misterio absoluto. No volvió a saberse absolutamente nada de aquella gente. Como si se las hubiera tragado la tierra, las diez tribus de Israel desaparecieron de la faz de la tierra. A partir de ese forzado éxodo, el destino de las diez tribus perdidas pasó a ser un auténtico enigma. Y, por supuesto, como ante todo enigma, comenzaron a lanzarse diverso tipo de conjeturas, algunas inverosímiles, otras más creíbles acerca del destino de aquella gente. Veamos algunas de ellas:

Las diez tribus:
de Medio Oriente a Inglaterra
(con escala en Japón)

✚ El profeta Isaías anunció que las tribus dispersas se encontraban en las costas del mar, lo que hizo que los británicos pensaran durante varios siglos que ellos eran los herederos de las tribus perdidas. A tal punto llegó esa suposición que, en el año 1649, John Sadler dejó un documento por escrito donde aseguraba que los británicos descendían de las diez tribus perdidas y que una de las pruebas de ello, eran las asombrosas similitudes entre las leyes anglosajonas y las de Israel.

✚ En esa misma línea de pensamiento, en 1860, Edward Hine, argumentó que la palabra *sajón* –en inglés, *saxon*– significa "Isaac´s Sons", o sea, "los hijos de Isaac", lo que operaría a modo de fundamento de la ascendencia de los británicos.

✚ Algunos estudiosos cristianos sostienen que, tras una larga y agotadora caminata, las tribus perdidas lograron alcanzar el extremo oriental de Siberia y, desde allí, y cruzaron a la orilla de enfrente, o sea, el continente americano. Luego, desplazándose por éste y con el correr de los siglos, dieron origen a mormones, aztecas y mayas, entre otros grupos humanos.

✦ Clayton Brough sostuvo que los descendientes de las diez tribus perdidas viven en la actualidad en, nada menos, que una región arcana del Polo Norte que, dicho sea de paso, nadie ha podido localizar nunca.

✦ Algunos eruditos aseguran que los indios son descendientes de una o, incluso, varias de estas tribus perdidas.

✦ Joseph Eidelberg, autor israelí contemporáneo, diría hace poco tiempo que las diez tribus no se perdieron, sino que llegaron a Japón. ¿Cómo arribó a semejante conclusión? Basándose en diversas tradiciones niponas que tienen un notable parecido con hechos hebreos y bíblicos. Además, efectivamente, existe en Japón una secta que se autodenomina *Bnei Shomron* ("Hijos de Samaria"), formada por individuos que afirman ser descendientes de una de las tribus perdidas. Pero Eidelberg no es el único que sostiene esta teoría, sino que muchos japoneses estudiosos de las *Sagradas Escrituras* también la avalan. Algunos de los datos que la probarían serían los siguientes:

• Todos los años se realiza en Japón un festival tradicional llamado *Ontoshai* que ilustra algo sorprendentemente similar a la Akeda o la parte del sacrificio de Itsjak en Bereshit 22 de la Toráh, o sea, la historia de Abraham a punto de inmolar a su hijo Isaac.

• Los sacerdotes japoneses "yamabushi" se ponen una caja negra en la frente, del mismo modo que los judíos se colocan los tefilin o filacterias sobre sus frentes.

• Los yamabushi usan una gran concha marina a modo de cuerno. Como no hay ovejas en Japón, utilizan simbólicamente este elemento en lugar de cuernos de carnero, aunque tradicionalmente no se admite que se suplante el cuerno por otra cosa. Esto es muy similar al judío haciendo sonar el shofar, o cuerno de carnero. Por la manera como se lo sopla, el "cuerno japonés" emite un sonido muy similar al shofar.

• El "omikoshi" japonés se asemeja al arca de la alianza. El pueblo nipón canta y baila al frente a él con gritos y en medio del sonido de instrumentos musicales. Estas costumbres son muy similares a las del pueblo de Israel. Los japoneses cargan el "omikoshi" sobre sus hombros con varas, usualmente dos, tal como lo hacían los antiguos israelitas. El arca hebrea estaba totalmente recubierta de oro y el omikoshi japonés está también mayormente recubierto con el mismo metal. El tamaño del omikoshi es casi el mismo que el del arca israelita

• El manto de los sacerdotes japoneses se parece al de los sacerdotes israelitas. Marvin Tokayer, rabino que vivió en Japón durante diez años, escribió: "Los mantos de hilo que los sacerdotes shinto usan tienen el mismo aspecto que los de los antiguos sacerdotes de Israel". Por ejemplo, el manto de un sacerdote shinto tiene cordones de 20-30 cm. de largo colgando de los extremos y esos flecos son propios de los israelitas

- La estructura del santuario shinto es la misma del tabernáculo del antiguo Israel.
- La estrella de David es un símbolo usado también en ise-jingu, el templo shintoísta de la casa imperial del Japón.

Por supuesto, muchas de las hipótesis que acabamos de exponer pueden ser refutadas casi al instante por una cuestión genotípica, o sea, vinculada a los genes. Tal como cualquier lector avizado podrá intuir, poco tienen que ver los genotipos de un japonés o de un azteca con los de un judío.

A pesar de ser muchas las explicaciones y teorías lanzadas en torno a las diez tribus perdidas y a que el *Antiguo Testamento* diera a entender que los hijos de Jehová volverían a reunirse, lo cierto es que no se ha vuelto a tener noticias certeras de una sola de esas tribus desaparecidas. Veremos, a lo largo de este libro, que algo muy similar sucedió y sucede con el Arca de Noé y la ciudad de Sodoma y Gomorra. ¿Cómo pueden desaparecer de la faz de la tierra sin dejar rastro alguna un grupo numerosísimo de personas, un navío del tamaño de un trasatlántico y dos ciudades? La única respuesta posible es: porque jamás han existido, porque aquello que aparece como verdad divina, histórica e indiscutible... es discutible por demás.

¡Qué mentiroso!

Capítulo 3

Las múltiples controversias en torno al Génesis

El *Génesis* da comienzo con dos narraciones separadas y contradictorias acerca de la Creación. La primera de ellas es atribuida a la fuente S y muestra la versión más familiar de los siete días de la Creación, en la que el proceso se lleva a cabo en una sucesión estructurada y ordenada, desde la formación del cielo y de la tierra, hasta llegar a la de las plantas, los animales y la humanidad. De manera contraria al mito popular, la primera narración acerca de la Creación no dice que Adán y Eva fueran hechos a imagen y semejanza de Dios. La única referencia a la humanidad relata que en el sexto día se creó una entidad descripta como masculina y femenina al mismo tiempo y es esa entidad, macho y hembra, la que se crea a imagen del Hacedor. *hermafrodita*.

La segunda narración es atribuida a la fuente J, sirve como introducción a la historia de Adán y Eva y resulta menos completa que la versión anterior.

Tal como explicamos en el Capítulo 1, las dos historias difieren mucho y eso se debe a que, si bien su escritura fue atribuida a Moisés es, en realidad, fruto de múltiples escribas. En cada una de ellas el orden en que se producen los distintos sucesos de la Creación difieren, así como también hay divergencias acerca de cómo llegaron a ser efectivamente las cosas. Sin embargo, estos no pasarían de ser meros detalles; pero hay diferencias de fondo. Una de ellas es lo vinculado al tema de la moralidad. Mientras que en el primero de los relatos del *Génesis* no se aborda ninguna cuestión de tipo moral, el segundo tiene la misión de introducir algunos de los preceptos morales centrales para la civilización occidental: por allí desfilan la idea del pecado original, el concepto de responsabilidad moral por las propias acciones, etcétera. Otra diferencia, ciertamente de fondo, es la imagen de la deidad que emerge de ambos relatos. Mientras que la primera narración retrata un Dios todopoderoso, incorpóreo y abstracto, la divinidad del segundo relato del *Génesis* al que estamos aludiendo resulta fuertemente corporal: gusta de pasear por los jardines, esculpir figuras y hornear animales, por ejemplo. ¿Qué han hecho los estudiosos al respecto de estas contradicciones? Depende del grado de ortodoxia que ostentaran. Aquellos que se encontraron o se encuentran más cercanos a la ortodoxia, ignoraron e ignoran sencilla y olímpicamente estas diferencias. Por el contrario, otro grupo, acepta la contradicción al hacer otro tanto con el hecho de que tienen diferentes orígenes.

Pero, sin embargo, aunque la segunda corriente puede parecer más "honesta", lo cierto es que tanto un grupo de estudiosos como los otros silencian sistemáticamente un hecho capital: las dos fuentes se originaron a partir de tradiciones, mitos, leyendas y textos de origen egipcios. Sí: aquello que se considera palabra

¡Wao! ¡Que copiones! ¡Que embusteros!

divina revelada, no es sino un reciclamiento de elementos diversos de la cultura egipcia. Veamos algunos de los ejemplos más claros al respecto.

En el principio fue el Big Bang (que provino de Egipto)

+ La *Biblia* afirma que al principio Dios creó los cielos y la tierra, que la tierra estaba sin forma, vacía y que las tinieblas cubrían la faz del abismo y que el espíritu de Dios se cernía sobre la superficie de las aguas. Así lo relata el *Génesis*. Sin embargo, es fundamental tener en cuenta que el *Génesis* utiliza el esquema hermopolitano (relativo a Hermopolis, ciudad del antiguo Egipto) de la Creación para describir el estado del Universo antes de que comience la Creación. Los cuatro dioses han sido convenientemente omitidos en el relato, pero permanecen sus características esenciales. Vayamos a ello.

Los primeros versículos de la *Biblia* describen cuatro cosas:

1) Una tierra y unos cielos que ocupan espacio pero carecen de forma.
2) Oscuridad.
3) Un abismo acuoso, dentro del cual existe un espacio sin forma.
4) Viento (es decir, "el espíritu de Dios") que ondea sobre la superficie de las aguas.

Estos cuatro elementos que acabamos de mencionar constituyen lo que los autores bíblicos creían que eran los componentes básicos del Universo, antes de la Creación. Y también eran, precisamente, aquellos que los sacerdotes de Hermopolis y Tebas consideraban los cuatro elementos del mundo durante el inicio de la Creación. Sin embargo, de la misma manera en que mencionamos las similitudes haremos otro tanto con las diferencias y la mayor de éstas reside en que los egipcios identificaban cada uno de estos cuatro componentes con una pareja divina, cosa que la teología hebrea no hacía, ya que lo consideraba tabú.

Las parejas egipcias eran las siguientes:

- Heh y Hehet, espacio sin forma, es decir, esa suerte de burbuja deforme que se describe en el *Génesis*.
- Kek y Keket, corresponden a la oscuridad en la superficie del agua.
- Nun y Naunet, el diluvio primitivo, el abismo.
- Amon y Amonet, el viento invisible, el viento bíblico que flotaba sobre el abismo.

De esa manera, los sacerdotes hebreos adoptaron la visión egipcia del universo primitivo, disociándolos de las correspondientes divinidades y reteniendo únicamente los elementos a los que remitían para ponerlos en función de la Creación del mundo por parte de Jehová.

+ La *Biblia* sostiene que Dios inició su tarea creadora con la palabra, que el proceso de creación da comienzo cuando Dios pronuncia un mandato para que aparezca la luz. Sin embargo, en este punto al igual que en muchos otros, este libro comprobará que aquello que se toma como revelación-relato incuestionable de un hecho divino (en el sentido judeo-cristiano) no es sino la reelaboración de un mito o leyenda anterior. Y, nuevamente en este caso, nos encontramos con los egipcios, para quienes la Creación por mandato o mandamiento desempeñaba un papel fundamental, lo cual queda evidenciado en multiplicidad de textos que aluden a ello. Esta civilización estaba firmemente convencida del poder creador de las palabras y de la capacidad de éstas para controlar el entorno. Un texto describe a Amón (el viento) como "el que habla y lo que debe ser, es". Otro refiere a los actos creativos de Atum en términos de "tomó la Anunciación de su boca". Uno tercero habla de Ptah en los siguientes términos: "así, pues, piensa y ordena lo que desea que exista".

+ *El Génesis* relata: "Dijo Dios: haya luz. Y la luz se hizo". La orden hablada de Dios permite que aparezca la luz, acontecimiento que significa el inicio del proceso creativo. Nuevamente, no nos encontramos en este caso con una transcripción de la palabra divina, sino con una reproducción de mitos egipcios. Se transcribe a continuación un fragmento de un himno a Amón para mostrar las semejanzas entre el mito egipcio y la secuencia bíblica que nos ocupa:

"Amón apareció por vez primera cuando aún no se había creado un dios y cuando Amón abrió sus ojos para ver con ellos, todo se iluminó con la mirada de sus ojos, cuando el día todavía no se había creado".

+ El *Antiguo Testamento* relata que un firmamento surgió de las aguas primitivas. Concretamente, se lee: "Haya firmamento en medio de las aguas, que separé unas de otras". Y así fue. E hizo Dios el firmamento, separando aguas de aguas, las que estaban debajo del firmamento, de las que estaban sobre el firmamento". Al igual que en los casos anteriores, este firmamento que surge de las aguas no es otro que la montaña primitiva del mito egipcio. En la mitología de este pueblo acerca de la Creación, luego de la llegada de la primera luz (que se identificaba con el dios Atum) la divinidad creadora hacía que una montaña emergiera de las aguas primigenias. Según la visión egipcia, esa montaña, por su naturaleza, era un ente físico sólido, un firmamento que separaba las aguas primitivas. Los egipcios consideraban al cielo como un río por el cual navegaba el dios Ra y la montaña primitiva devenía en el espacio entre las dos aguas al tiempo que proporcionaba asimismo la fuerza que permitía mantenerlas separadas. Tal como se podrá apreciar, el firmamento que surge en el *Génesis* no es distinto de la montaña del mito egipcio.

✦ Las *Sagradas Escrituras* sostienen que el tercer día de la Creación dio comienzo con la reunión de las aguas en un solo lugar. Concretamente, en el *Génesis* se lee: "Dijo luego: "Júntense en un lugar las aguas que hay bajo los cielos y aparezca lo seco". Así se hizo. Y las aguas se juntaron en un solo lugar y apareció lo seco. Y a lo seco llamó Dios tierra; y a la reunión de las aguas llamó mares. Y vio Dios que era bueno". Nuevamente, nos encontramos aquí con un reciclaje de elementos vinculados al Antiguo Egipto, ya que la reunión de aguas a la que se alude, se refiere a la creación del Nilo, concretamente a la reunión de las aguas por Shu. El mito egipcio relata que Shu (que representa la bóveda celeste) separó a Nut (el cielo) de Geb (la tierra), ató a esta última y reunió las aguas de la inundación en un solo lugar. Resulta por demás evidente que se trata de una secuencia muy similar a la bíblica, a la cual da origen.

Adán: ¿El primer hombre?

· El primer capítulo del *Génesis* contiene un versículo que está sujeto a discusión; éste dice: "creó Dios al hombre a su imagen, a imagen de Dios lo creó: varón y hembra los creó", frase que nunca fue expresamente rechazada a pesar de su tono, podríamos decir, por demás presuntuoso e irreverente. Por otra parte, si el lector de las escrituras examina atentamente el principio del *Génesis*, verá que se dice que el hombre fue creado al comienzo, para añadir poco después que esto sucedió al final del sexto día. Tal discrepancia, parece deberse al hecho de que el texto fue redactado por personas distintas en diferentes momentos y no hubo alguien que hiciera las veces de editor y pusiera orden. Por otro lado, hay otro punto inquietante en relación al versículo 27: no se logra comprender por qué se dice en él que Dios creó hembra y varón, refiriéndose a los seres humanos, si luego debe esperarse hasta el versículo 7 del capítulo III para que aparezca Eva.

Y una cuestión capital: ¿cuál era el sexo del primer ser humano, más allá de que de manera genérica se suele hablar de "el primer hombre?". Algunos estudiosos argumentan que la expresión "varón y hembra los creó", refiere a que el primer ser humano era hermafrodita, esto es, poseía en sí mismo ambos sexos, el masculino y el femenino. Voltaire, importante filósofo de la Francia de la época de la Ilustración, sostenía que Adán fue un ser hermafrodita (si bien no abundó en razones que justificaran su postura) y la misma opinión fue defendida a finales del siglo XIX por los filósofos esoteristas que participaban del círculo de Madame Blavatsky. En los últimos tiempos, tampoco han faltado científicos partidarios de creer que en sus inicios los seres humanos poseían ambos sexos, siendo el femenino el preponderante.

El mismo versículo 7 explica que "Jehová formó al hombre del polvo de la tierra y sopló en su nariz el aliento de la vida y fue el hombre un ser viviente". No se dice en este versículo que aquel hombre hubiera sido el *primer* ser viviente, sino *un* ser viviente, con lo cual se ha llegado también a sugerir que en aquellos tiempos vivían más seres humanos en el planeta, quizás en una etapa todavía primitiva. Por lo tanto, este pasaje no se opone a las teorías antropológicas que sostienen la existencia de hombres primitivos que vivían en cavernas en el período Paleolítico.

Asimismo, es interesante señalar que la forma en que el *Génesis* narra la creación del hombre, aparece de manera muy parecida en leyendas y textos orientales, anteriores a la redacción de la *Biblia*. En la India también se menciona la creación de seres humanos partiendo de un material "bajo" y de costo prácticamente inexistente y en la epopeya asiria de Gilgamesh se narra que el Señor del Cielo, ordenó a la diosa Aruru echar mano del barro para fabricar un ser mitad hombre y mitad bestia y dueño de un enorme vigor.

El nombre de Adán –considerado a veces el padre de la raza humana– que desde el punto de vista esotérico bien podría ser considerado el equivalente del principio vital que alienta a hombres y mujeres, figura también en la mitología turca y lo hace como equivalente de la noción de *hombre*. Además, se trata de un nombre que resulta imposible no asociar a *Aton* (dios egipcio identificado con la energía solar), con *Adonai* (nombre dado en sus ritos por los hebreos a Dios) y a *Adonis* (divinidad griega originaria del Cercano Oriente)

Eva o Lilith: ¿quién fue la primera mujer?

En el *Génesis* Eva es la primera mujer que se creó al extraerse de una costilla de Adán. Y en este tema también hay controversias varias.

El escritor católico Michel Tournier sostiene que Dios no creó a Eva de la costilla de Adán, tal como se sostiene en la *Biblia*, y argumenta su postura de la siguiente manera: si hubiera sucedido tal como se relata en el *Génesis*, todos los hombres deberían tener a partir de entonces, una costilla menos que las mujeres, lo cual no sucede. Hombres y mujeres poseemos igual número de costillas. Según Tournier, fue otra parte del cuerpo de Adán la que dio origen a Eva: los órganos genitales femeninos, en tanto y en cuanto Adán era hermafrodita, tal como se expuso anteriormente. De esa manera, Dios injertó la parte femenina de Adán a otro ser para convertirlo en hembra.

Pero, según una antigua tradición de origen rabínico, hay otra mujer dando vueltas en los principios del género humano: se trata de Lilith, quien habría sido la primera mujer de Adán. Y una diferencia fundamental: Eva surgió de alguna parte de Adán (sea la costilla o sus genitales) y por lo tanto, esto plantea que la mujer es dependiente del hombre desde su mismo origen. El mito de Lilith, en cambio, narra que ésta fue creada, al igual que Adán, del polvo, lo cual los instaura como iguales desde un principio. La tradición describe a Lilith como una mujer increíblemente bella, muy enigmática, indómita, apasionada, impetuosa, celosa de su independencia, rotundamente atrayente, de ardientes deseos y de una contundente seguridad en sí misma. Sí: así fue la predecesora de la sumisa Eva. El Talmud describe a Lilith como una bella y encantadora fémina de

Yo soy descendiente de Lilith, no de Eva.

opulenta figura y espectacular cabellera gigante.

Cuenta la tradición que Lilith había formado una verdadera unidad con Adán (lo cual está muy cerca de la idea de que el primer hombre poseía ambos sexos) y que, como una suerte de hermanos gemelos, pasaban los días discutiendo por tonterías, hasta que Lilith pronunció una fórmula mágica que le permitió separarse de Adán. Sin embargo, el primer hombre seguía amándola a pesar del abandono y, cuando Jehová se enteró de la deserción de Lilith, ordenó a tres ángeles que capturasen a la fugitiva y la trajeran de regreso. La mujer se negó a obedecer y, por ello, fue castigada severamente por Dios.

Otra versión relata que Lilith y Adán no discutían precisamente por tonterías, sino por cuestiones que hoy podrían considerarse muy cercanas a la problemática de género y a la emancipación femenina. En esta interpretación, Lilith se queja de tener que yacer siempre debajo de Adán durante las relaciones sexuales, argumentando que fueron creados iguales y que, por lo tanto, deben adoptar posiciones durante el coito que reflejen esa igualdad. Dios no cede a los reclamos de Lilith, como consecuencia ésta se va del Paraíso y es entonces cuando Dios le da a Adán una nueva compañera, Eva, creada de su costilla y, por lo tanto, más dependiente y sumisa. *¡qué chisme!*

A partir de esa narración, Lilith debe ser borrada de la apacible historia que se desea construir y se la demoniza a lo largo de los siglos. Es considerada reina de los súcubos, demonios que bajo una apariencia femenina, tienen comercio carnal con un hombre. Las variaciones del mito llevan a Lilith a convertirse en seductora de los mismos hijos de Adán y Eva o a asimilarla a la mismísima serpiente del paraíso. Asimismo, algunos relatos,

46

la describen (como la amante de Dios) que vive en el mar Rojo comandando una corte de demonios.

Lilith ha sido vinculada también con unos seres parecidos a los demonios del mediodía griegos, ninfas de los campos de tersos cuerpos etéreos relucientes de sol; *como yo* criaturas indomables, inocentes, ardientes y salvajes, que fascinan y enloquecen a los campesinos enamorándolos sin remisión. Algunas tradiciones cuentan, a este respecto, que entre el cabello de Lilith se encuentran, enredados, los corazones de los jóvenes que sucumbieron a su hechizo.

Se ha comparado a Lilith con las terribles lamias de la tradición grecorromana (recordemos a la reina Lamia que por su crueldad fue transformada en fiera y que devoró luego a sus hijos) y con las lamias de las creencias medievales, tanto seres de rostro de mujer y cuerpo de dragón como maléficas féminas que se alimentan de niños, que conviven con dragones acumuladores de tesoros en cuevas, y que tienen como distintivo un peine de oro, estando muchas veces provistas de unas patas (en lugar de pies) que terminan en pezuña hendida; guardan cierto parecido con algunas representaciones de las regentes y protectoras de fuentes y manantiales gallegas y cantábricas, herederas de la tradición celta, y con algunos personajes femeninos de cuentos y leyendas que, a veces, aparecen con uno de sus pies correspondiendo al de un macho cabrío o al de una oca, siempre aludiendo a la presencia de un componente animal todavía activo y algo arcaico aún no del todo eliminado de ellas.

Pero volvamos a la ausencia de la primera mujer de Adán ¿Cuál fue la causa para borrar a Lilith de las páginas de las *Sagradas Escrituras*? La siguiente: las dos grandes religiones sustentadas en la *Biblia* (judaísmo y

47

cristianismo) son de índole indiscutiblemente patriarcal y la figura de la primera mujer de Adán resultaba poco conveniente, especialmente si se piensa que podría tomarse a modo de ejemplo. ¿Qué es eso de mostrar una mujer que desde su mismo comienzo es igual al hombre y que decide abandonar a su compañero cuando considera que éste no la complace? ¿Cómo exponer el relato de la vida de una fémina que se rebela contra el rol asignado para su sexo al punto tal de dejar el paraíso para perseguir sus deseos e ir en busca de su libertad? la *Biblia* no podía exhibir a Lilith, instigadora del deseo proscripto y fomentadora del desacato. Lilith representa un patrón femenino caracterizado por rasgos como la independencia, la autonomía, la vinculación con el propio ser y la autopertenencia, la confianza en el propio criterio, el sentido crítico.

Por eso, la tradición judaica y otras posteriores la demonizan y se la tiene por un ser maligno y nefasto, asociado a lo diabólico y a la tentación. De esa manera, se pretende mantener el orden sociocultural impuesto, inequívocamente de índole patriarcal. Y la bella y osada Lilith, es sin dudas, representante de la época matriarcal de la humanidad. Es por eso que, además, con la acción de borrarla de la historia oficial escrita, no se hace desaparecer solamente un personaje, sino que se borra de un plumazo el principio divino femenino, también conocido como "la diosa". ¿A qué nos referimos con la expresión "la diosa?"

A partir de la prehistoria comienza a imponerse en muchas culturas una imagen cosmogónica capital, una poder vital y omniabarcador, una fuerza procreadora del Universo, que fue personalizada en la figura de una mujer.

Su potencia generadora y protectora eran simbolizadas mediante atributos femeninos —nalgas, senos, vientre grávido y vulva— notablemente marcados y, hasta en algunos casos, exagerados. Esa diosa, matriz divina de la que todo emerge y a la que todo regresa, a fin de ser regenerado y proseguir el ciclo inexorable de la naturaleza, recibía el apelativo de *Diosa, Gran Diosa, Gran Madre* o *Diosa Madre* y tuvo el privilegio de presidir de manera exclusiva la expresión religiosa de la humanidad desde, aproximadamente, el 30.000 a.C..

Esas primeras sociedades, ciertamente primitivas pero no por eso menos sabias, se regían bajo designios femeninos, por lo que se consideraban a la tierra como madre y a la muerte e inhumación como regreso a ese vientre materno. Esas culturas pre-agrícolas y agrícolas primitivas, desarrollaron de esa manera una suerte de religión cósmica que implicaba la renovación constante y periódica de la vida, cuyo objeto de culto era la Diosa Madre.

Según esta línea de pensamiento, en tanto la tierra era la madre, todo aquello que morara en ella (animales diversos, plantas y, por supuesto, hombres y mujeres) eran considerados hijos de esa madre y, por lo tanto, estaban sujetos a sus leyes y designios. En esos ciclos mitológicos a los que estamos haciendo mención, son motivos fundamentales: el enigma de la sexualidad femenina, el misterio de la concepción y el parto, la asociación del ciclo femenino con el ritmo de la luna y la idea de tierra entendida como vientre. Esta Diosa Primordial era única e incluía en su figura todas las fuerzas de la vida: nacimiento, vida, muerte y renacimiento. Por supuesto, una sexualidad manifiesta, no vergonzante, no encubierta, absolutamente carente de toda remisión a la idea de pecado caracterizó a esta deidad femenina, sea cual fuera el rostro que asumiera, dependiendo de la cultura y el pueblo que la venerara.

Pero, tal como lo señalamos, la importancia de la Diosa, no fue exclusiva de los tiempos prehistóricos: de maneras diversas y con distintos atributos aparece en diversas culturas.

En la Mesopotamia encontramos la diosa Ninli, adorada por enseñar a cultivar la tierra. Para los egipcios, la diosa Isis tiene poderes tanto divinos como humanos y es la inventora de la agricultura. En Sumeria, se consideraba que la diosa Nidaba fue la inventora de las tablillas de arcilla y del arte de escribir. En la mitología India, la deidad femenina Sarasvati, es a quien se le atribuye la invención del alfabeto. También podríamos mencionar a Astarté (de Fenicia), Ishtar (de Babilonia), a Freya (de Escandinavia), a Anath (de Canaán), entre muchas otras divinidades femeninas que dominaron en los tiempos pretéritos.

Pero lo fundamental no es tanto la idea de una divinidad femenina *per se*, sino la concepción del mundo, de la humanidad y de las diversas relaciones que entre ellos se pueden establecer que la idea de una deidad mujer conlleva. En tanto y en cuanto Diosa Madre, posee las características de esta última: es quien tiene el poder de dar la vida, es quien ampara a aquellos que ha parido, es quien ama a su prole sin condición alguna y a todos ellos por igual. Con el transcurso de los siglos y por circunstancias muy diversas y complejas, ese matriarcado divino, donde el principio femenino es fundamental, va desapareciendo para cederle el lugar a un dios masculino capaz de albergar y respaldar simbólicamente una organización religiosa de índole patriarcal. Esa extensa evolución desposeyó a la mujer de su ancestral poder para depositarlo en manos de los hombres y de una deidad masculina que los representase. Cuando esto sucede, el proceso de creación deja de entenderse mediante un símil con la fisiología reproductora femenina y pasa a ser descripto en términos de instrumentos de poder masculinos. Con el todopoderoso (y hasta autoritario) dios masculino, ya no se está en presencia de esa madre nutricia que ama y ampara con amorosa protección a toda su prole de manera incondicional, sino de un padre en cierta manera aterrador que tiene el poder (y lo ejerce) de castigar y de preferir a unos hijos por sobre otros. El *Antiguo Testamento* es sin duda, un acabado muestrario acerca de ello, de ese dios cruel. En él, Jehová "se presenta a sí mismo" como un Dios exterminador (que llega a exterminar hasta a sus propios hijos), vengativo, déspota, tirano, mentiroso, misógino, injusto y sanguinario. *Jehová no es mi Dios.*

Es por eso que, con el surgimiento y el posterior fortalecimiento del dios masculino y omnipotente, apareció un clero con una estructura de poder claramente piramidal mientras que el poder de la diosa decrecía, al tiempo que sucedía otro tanto con los poderes de las mujeres terrenales.

> El nombre de Lilith deriva del hebreo *Lil*, que significa "noche", por lo que Lilith vendría a significar "la nocturna", término que nos transmite la idea de oscuridad, de ausencia de luz, y que se relaciona con sus características personales y su ámbito de acción: la otra faz del día y los hechos que en tal momento acontecen. Una de sus representaciones y uno de sus animales asociados, la lechuza, refuerza esta consideración al tratarse de un ser que se desenvuelve en las tinieblas.

Lilith, aquella que surgió al mismo tiempo que Adán de las manos del Creador es, según el mito, una criatura espontánea y libre, de fascinante belleza, que posteriormente se convirtió en un ente maléfico, en un ser de la oscuridad pero que, en todo caso, guarda en sí, como símbolo, un sentido que la emparienta con, la Diosa, con la Gran Madre de las civilizaciones antiguas.

La vida en el Edén

Adán y Eva transcurrían sus días en el Edén, también conocido como Paraíso. Es allí donde acaecen toda una serie de sucesos por demás conocidos: Dios plantó el árbol de la vida y el árbol de la ciencia del bien y del mal, prohibió a Adán que comiera de ciertos frutos, Adán desobedece y, como castigo, ambos, Adán y Eva, son expulsados del Paraíso. A esta altura del presente volumen, tal vez no sorprenda al lector el hecho que explicaremos a continuación: todas las instancias del relato del Edén que acabamos de mencionar no son originales de la *Biblia* sino, adaptaciones de mitos y leyendas propios de otros pueblos, que los escribas bíblicos toman sin mencionar su procedencia, por supuesto, para adaptarlas a la conveniencia del poder que deseaban instaurar, engrandecer y legitimar.

Los árboles

En el *Génesis* se lee: "Plantó luego el Señor Dios un jardín en el Edén, al Oriente, y allí puso al hombre a quien formara. Hizo el Señor Dios brotar en él de la tierra toda clase de árboles hermosos a la vista y sabrosos al paladar y, en el medio del jardín, el árbol de la vida y el árbol de la ciencia del bien y del mal". Al comer del segundo de ellos, se accedía al conocimiento moral; al ingerir los frutos del primero, se obtenía la vida eterna. También colocó Dios al hombre en ese jardín para que cuidara de las plantas. Pero le advirtió que no debía comer del árbol de la ciencia (y, por ende, convertirse en conocedor de la moral), de la siguiente manera: "Del árbol de la ciencia del bien y del mal no comas, porque el día que de él comieres, ciertamente morirás". Con relación al árbol de la vida, nada dijo el Señor. Pero luego vino la malvada serpiente, quien le dijo a Eva que la advertencia de Dios era inútil: "Pero la serpiente, la más astuta de cuantas bestias del campo hiciera el Señor Dios, dijo a la mujer: ¿Conque os ha mandado Dios que comáis de los árboles todos del paraíso?" Y respondió la mujer: "Del fruto de los árboles del paraíso comemos, pero del fruto del que está en el medio del paraíso nos ha dicho Dios: No comáis de él, ni lo toquéis siquiera, no vayáis a morir." Y dijo la serpiente a la mujer: "No, no moriréis. Es que sabe Dios que el día que de él comáis se os abrirán los ojos y seréis como Dios, conocedores del bien y del mal." Ciertamente, Adán y Eva no murieron al comer el fruto de ese árbol, pero Dios temía que a continuación comieran del árbol de la vida y obtuvieran la inmortalidad. La *Biblia* señala: "Díjose el Señor Dios: He ahí al hombre hecho como uno de nosotros, conocedor del bien y del mal; que no vaya ahora a tender su mano al árbol de la vida y, comiendo de él, viva para siempre". Las preguntas a hacerse en relación a este episodio son: ¿por qué Dios tenía miedo de que Adán y Eva supieran de la inmortalidad y se convirtieran ellos mismos en divinidades? ¿Por qué temía que se convirtieran en divinidades? En tan-

Elohim es plural.

to y en cuanto Dios es descripto en las *Sagradas Escrituras* como una deidad todopoderosa, él podría dar marcha atrás y devolver las cosas a su anterior estado. Las respuestas pueden encontrarse en textos y tradiciones del antiguo Egipto. Comencemos diciendo que los dos árboles a los que alude la *Biblia* se corresponden con representaciones simbólicas de dos divinidades egipcias: Shu y Tefnut. El *Texto de los Sarcófagos* contiene una extensa presentación del mito heliopolitano de la creación. Allí se presenta a Shu y Tefnut como los dos hijos de Atum. El primero de ellos es identificado como el principio de la vida, mientras que Tefnut corresponde al principio del orden moral. Como se podrá apreciar, estos son los dos principios asociados con los dos árboles especiales del Edén: el árbol de la vida y el árbol del bien y del mal. Pero eso no es todo: dicho texto continúa diciendo que Atum recibe instrucciones de comerse a su propia hija, que representa el principio del orden moral, con lo cual nos encontramos con una correlación, ciertamente, extraña. Mientras en el texto egipcio el mandato consiste en la orden de comer del árbol moral, en el *Génesis* la imposición es exactamente la contraria: a Adán se le prohíbe comer de ese árbol. ¿A qué se debe esta discrepancia? Muy simple: a que se debía condenar la idea egipcia de que el conocimiento del orden moral lleva a una vida eterna, ya que esta concepción discrepa con las enseñanzas monoteístas hebreas y, por lo tanto, no resulta funcional a ellas. En el texto egipcio, Nun incita a Atum a comerse a su hija Tefnut, a fin de obtener el conocimiento del orden moral. En el *Génesis*, por el contrario, Dios prohíbe a Adán que coma del árbol de la ciencia del bien y del mal, negándolo con ello, el acceso al discernimiento moral.

La razón de esta diferencia estriba en las disparidades entre las creencias hebreas y egipcias en torno al tema de la vida en el más allá. Los segundos tenían la creencia de que, si el ser humano llevaba una existencia de orden moral, a modo de premio por ello, el dios Osiris le otorgaría la vida eterna. Desde esta concepción, el entendimiento de la conducta moral era un paso hacia la inmortalidad y hacia la divinidad. Y ese es precisamente el punto planteado en el *Génesis*. Al comer Adán del árbol de la ciencia del bien y del mal, el Señor manifiesta que si hace otro tanto con el árbol de la vida Adán se tornará como el mismo Dios. Pero esta idea chocaba profundamente con el monoteísmo hebreo, según el cual sólo podía haber un Dios. Por ello, Adán es expulsado del paraíso antes de que pueda comer del árbol de la vida. Y el mensaje es por demás claro: el ser humano queda inhabilitado para acceder a la vida eterna por medio del conocimiento de orden moral. Será Dios el encargado de decirle al ser humano lo que necesita saber y cómo debe actuar, con lo cual se construye un creyente a todas luces dependiente de la divinidad, aspecto sumamente útil para la capa jerárquica eclesiástica encargada de actuar a modo de intermediaria entre la divinidad y los seres humanos. ¡qué conveniente!

La serpiente

La serpiente en el árbol, ese animal que la *Biblia* describe como hábil y malvado, no es tampoco una imagen original de las *Sagradas Escrituras* como se han empeñado en hacérnoslo creer, sino que proviene directamente del arte egipcio. Este pueblo creía que Ra (dios solar que rodeaba diariamente la tierra) mantenía cada noche una pelea con la serpiente Apofis, a la que derrotaba en cada contienda. Existen multiplicidad de pinturas y grabados egipcios donde es posible ver al dios Ra sentado ante un árbol donde hay una serpiente enroscada, de manera muy similar a los cuadros inspirados en la *Biblia* donde se ve una escena análoga que protagonizan Adán y la sierpe del árbol del Edén.

¿Dónde estaba el paraíso?

A lo largo de la historia, numerosos fueron los sabios y estudiosos preocupados por determinar la ubicación exacta del Edén. En general, para elaborar sus elucubraciones, partían del nombre de los cuatro brazos fluviales que son dados a conocer en el *Génesis*. Las teorías (y sus consecuentes búsquedas) más destacadas al respecto, fueron las siguientes:

• En el año 1100 el legendario Preste Juan "de las Indias" escribe al emperador de Bizancio y al Papa que el paraíso terrenal está ubicado a "sólo tres días de viaje de este reino (el del propio Preste)"

• El mismo Cristóbal Colón, en sus aventuras por América, sostuvo que el paraíso se encontraba en algún lugar de ese continente.

• Hermann Alberet, orientalista alemán, afirmó que el paraíso estaba ubicado en el sur de Arabia.

• Otro orientalista alemán, Franz von Wendrim, los situó en Demmin, un pequeño poblado situado entre Mecklemburgo y Pomerania, cercano al mar Báltico.

• Numerosos estudiosos europeos pensaron que debió localizarse en algún lugar del continente americano.

• William Wilcox declaró, en vísperas de la segunda guerra mundial, que había descubierto la ubicación exacta del Edén. Este inglés, restaurador de la economía hídrica de la Mesopotamia, basó su teoría en el conocimiento hidráulico de la región denominada "de las dos corrientes" y situó el legendario lugar en la región mesopotámica, al norte del área de aproximación máxima de los dos grandes ríos, el Tigris y el Eufrates, en donde en la actualidad se levantan las ciudades de Anah y Hit, al noroeste de Bagdad. Esas corrientes, hídricas, según Wilcox, formaban otrora una catarata que dio origen a un paisaje de conmovedora belleza. Su hipótesis también sostiene esa catarata desapareció con una sequía prolongada.

De la descendencia de Adán y Eva: el caso Caín-Abel

en otras palabras; que metieron mano...

Una vez que Adán y Eva abandonaron el jardín del Edén, aquel conoció (en el sentido bíblico del término) a su compañera muchas veces. Su primer vástago recibió el nombre de Caín y fue seguido, a su debido tiempo, por su hermano Abel. Tiempo más tarde, llegaba al mundo Set. Con el transcurso del tiempo, Abel se convirtió en pastor de ovejas, mientras que Caín devino agricultor. Pero dejemos que nos lo cuente la misma *Biblia*: "Al cabo de un tiempo hizo Caín una ofrenda al Señor de los frutos de la tierra, y se la hizo también Abel de los primogénitos de su ganado, de lo mejor de ellos; y agradose el Señor de Abel y su ofrenda, pero no de Caín y la suya. Se enfureció Caín y andaba cabizbajo, y el Señor le dijo: ¿Por qué estás enfurecido y por qué andas cabizbajo? ¿No es verdad que, si obraras bien, andarías erguido, mientras que, si no obraras bien estará el pecado a la puerta como fiera acurrucada, acechándote ansiosamente, a la que tú debes dominar? Cesa, que él siente apego a ti, y tú debes dominarle a él." Dijo Caín a Abel, su hermano: "Vamos al campo". Y cuando estuvieron en el campo, se alzó Caín contra Abel, su hermano, y lo mató. Preguntó el Señor a Caín: "¿Dónde está Abel, tu hermano?" Contestole: No lo sé. ¿Acaso soy el guardián de mi hermano?" Y le dijo Dios: ¿Qué has hecho? La voz de la sangre de tu hermano está clamando a mí desde la tierra".

Tal como se ha venido comprobando hasta ahora con otros fragmentos de la *Biblia*, la historia de Caín y Abel, no es original del *Antiguo Testamento*. Existe una narración egipcia y otra sumeria muy similares, en las que un hermano mata a otro. Sin embargo, a pesar de los paralelismos por demás evidentes, la historia del *Génesis* no es exactamente igual a la egipcia y a la sumeria, ya que parte de hacer pasar una historia bíblica por original consiste, tal como se ha venido viendo, en camuflar el texto y no en ser una mera copia textual. El relato de Caín y Abel tiene su origen en el conflicto entre Osiris y Set, con el cual debería corresponderse y entre los cuales, efectivamente, existen algunos paralelismos. Osiris significaba el grano y su contraparte bíblica, Caín, es agricultor. Osiris tenía la misión de enseñarle diversas habilidades al género humano y otro tanto hacía Caín. Pero, y es aquí donde comienza la diferencia, en el mito egipcio es Osiris (o sea Caín) quien es víctima del asesinato de su hermano. Sin embargo, las similitudes son notables. Algo similar sucede con la leyenda asiria *Dumuzi y Enkimdu*. En esta narración el tema es la rivalidad entre Dumuzi (pastor) y Enkimdu (labrador). De manera similar al relato bíblico, ambos buscan los favores de la divinidad, en este caso la Diosa Innana. Esta basa su decisión final en la importancia de los productos respectivos que ambos le ofrecen y, al igual que en la narración bíblica, la deidad opta por el pastor en detrimento del labrador. La diferencia entre Caín y Abel y el relato sumerio, es que en este último no se comete ningún asesinato. Sin embargo, la similitud temática resulta por demás evidente. Tal como se habrá podido apreciar, la historia de Caín y Abel es una variación de mitos anteriores que fueron reciclados para convertirse en la narración que hoy conocemos a través de la *Biblia*.

¡ qué barbaridad !

Capítulo 4

La lluvia
y la torre

Mucho hay para decir en un libro como éste acerca del diluvio. En primer término (y avalando nuevamente lo que ya hemos probado varias veces hasta ahora) el mito, la historia del diluvio no es exclusiva de la *Biblia*. Muchas narraciones similares pueden encontrarse en multiplicidad de culturas y religiones que trabajan motivos análogos al del castigo de la imperfección humana mediante lluvias torrenciales; sanción que, no obstante, puede ser revocada. En muchas leyendas la salvación de la humanidad amenazada se logra gracias a las naves. Vayamos a ello.

El diluvio bíblico no es original

Una de las historias diluvianas no bíblicas más conocidas es, sin duda, la de la epopeya sumeria de Gilgamesh, que fue posible conocer en profundidad gracias a que fueron descubiertas las tablillas de barro con escritura cuneiforme que la relatan y que datan de tiempos anteriores a la escritura del *Génesis*. Dicha epopeya incluye la descripción de un diluvio que no era, ciertamente el bíblico, pero sí anterior en muchos siglos al descripto en las *Sagradas Escrituras* y que, según creen los estudiosos, sirvió de inspiración al relato del *Antiguo Testamento*. En la epopeya de Gilgamesh el relato del diluvio está en boca de un anciano que cuenta lo siguiente: tiempo atrás, los dioses le informaron que se avecinaba una catástrofe que tenía como finalidad castigar la inquinidad de los hombres. Avisado, le aconsejaron, además, que se apresurase a construir una embarcación para salvar a su familia, a algunos artesanos y a varios miles de animales escogidos. De manera similar al episodio bíblico de Noé, se hace mención de la historia del cuervo y la paloma y se menciona el hecho de que, cuando la lluvia finalice y el agua baje, la nave se posará en la cima del monte Nisir, de manera análoga a como lo haría más tarde la de Noé sobre el monte Ararat.

Pero la sumeria epopeya de Gilgamesh no es el único texto anterior y similar donde aparece el tema del diluvio.

El *Mahabharata*, texto indio sagrado del siglo XVI a. C. (y, a su vez, inspirado en muchos otros anteriores) relata lo siguiente: un día, el dios Brahma se le apareció a Manú a fin de anoticiarlo acerca de la próxima inundación del río Indo y de aconsejarle que abordara una embarcación acompañado por los Siete Sabios de la India, no sin antes cargar en ella granos para alimentarse y sembrar el sobrante en la tierra donde se posaría la nave cuando finalizara la inundación.

También existe una versión babilónica del diluvio. Esta comienza con la amenaza de los dioses de des-

¡qué poco originales son estos dioses! siempre con el mismo cuentico.

truir a la humanidad por la acción del agua. La diosa Ishtar protesta en nombre de los seres humanos y le advierte en sueños a Utnapishtim (el Noé babilónico) que el diluvio está a punto de suceder. Por esa razón, el héroe en cuestión fabrica un barco con siete cubiertas y nueve divisiones, ambos importantes números sagrados de esa civilización. Sube a bordo todo tipo de animales y acaece la gran inundación, resultado de lluvias y tormentas, que dura seis días.

Otra milenaria cultura que ha elaborado anteriormente a la *Biblia* relatos en torno al mito del diluvio es China, donde resulta muy conocida la leyenda de Nu-Wah quien logró salvar su vida y la de su familia en una horrenda inundación acaecida hace varios miles de años. Por supuesto, en este último caso, además de anoticiarnos acerca de las similitudes de la historia, no podemos sino asombrarnos de los parecidos entre los nombres de ambos protagonistas: Noé (en la *Biblia*) y Nu-Wah (en el mito Chino).

Vale destacar que aunque no abundaremos de manera detallada en los relatos de otros diluvios, sí mencionaremos que éstos están presenten en mitos y leyendas de la América precolombina y de múltiples pueblos africanos y polinesios.

Pero vayamos a su protagonista y a su aliada: el arca de Noé. La historia relatada en la *Biblia* es la siguiente: en un momento dado, Dios decidió destruir al hombre por sus pecados, por la corrupción a la que había llegado, pero decide exceptuar del castigo a Noé, su familia y a los animales. Leemos en la *Biblia*: "Entretanto, la tierra estaba corrompida a vista de Dios y colmada de inquinidad. Viendo pues, Dios, que la tierra estaba corrompida (por cuanto lo estaba la conducta de vida de todos los mortales sobre la tierra) dijo a Noé: "Llegó ya el fin de todos los hombres decretado por mí; llena está de inquinidad toda la tierra por sus malas obras; pues yo los exterminaré juntamente con la tierra. Haz para ti un arca." Sigue el Génesis con una suerte de instructivo acerca de cómo Noé debía fabricar tal arca y continúa: "Y he aquí que voy a inundar la tierra con un diluvio de aguas para hacer morir toda carne en que hay espíritu de vida debajo del cielo; todas cuantas cosas hay en la tierra perecerán. Más, contigo, yo estableceré mi alianza; y entrarás en el Arca tú y tus hijos, tu mujer y las mujeres de tus hijos contigo. Y de todos los animales de toda especie meterás dos en el Arca, macho y hembra para que vivan contigo". Y allí aparece una contradicción: en un momento del *Génesis* se dice que además de su familia Noé debe poner en el Arca una pareja de absolutamente todo animal viviente: "Y de todos los animales de toda especie meterás dos en el Arca, macho y hembra, para que vivan contigo". Sin embargo, más adelante hay una contraorden: "De todos los animales limpios has de tomar de siete en siete o siete de cada especie, macho y hembra; más de los animales inmundos de dos en dos, macho y hembra". Menudo dilema para Noé ¿qué debía hacer? La causa de esta orden contradictoria halla respuesta, nuevamente, en la hipótesis documental: la *Biblia* no es fruto de la pluma de Moisés inspirada por la palabra divina, sino resultado de un producto de escribas múltiples en este caso, en desacuerdo evidente acerca de la orden de Dios. Pero continuemos con el relato: llueve muchísimo, la tierra se inunda, el Arca flota y perecen todas las criaturas que no tuvieron la fortuna de formar parte del pasaje del Arca. Luego Dios lo considera suficiente, las aguas comienzan a mermar, el Arca en cuestión queda sobre la cumbre del monte Ararat, la superficie de la tierra se seca y la historia tiene un final feliz, al menos para quienes estaban en el Arca.

El diluvio bíblico jamás sucedió

Por supuesto, se da por sentado que el diluvio y el Arca y Noé fueron hechos históricos, algo que realmente pasó (tal como la destrucción de Sodoma y Gomorra, por ejemplo). Sin embargo, esta narración está llena de incongruencias que muestran a las claras que nunca pudo haber sucedido. Veamos:

+ En lo relativo al diluvio, no se ha encontrado prueba alguna en ninguna parte de la tierra de tal desastre universal. Los sedimentos de la tierra no muestran señal alguna de tal colosal desastre; sólo lo hacen de catástrofes e inundaciones que, de ninguna manera pueden relacionarse con un diluvio mundial cuyas aguas superasen a la montaña más alta, tal como se describe en la *Biblia*.

+ El Génesis dice: "Quince codos subieron las aguas por encima de ellos, y así fueron cubiertos los montes". Quince codos equivalen a una profundidad de siete metros y medio, aproximadamente, lo cual es suficiente para cubrir la tierra, pero ningún monte de mediana altura ni, por supuesto, ninguna montaña que sea digna de llevar tal denominación.

+ Otro problema es el lugar de procedencia del agua. Para que se pueda producir esa cantidad de lluvia, primero debe haber existido ese caudal de agua en la tierra para poder ser transferida a las nubes. O sea: antes del diluvio la tierra debería haber estado tan inundada como al final de éste.

+ Las medidas del arca eran las siguientes: 300 codos de longitud, 50 de ancho y 30 de altura. Es decir: sería una verdadera suerte de "supernavío", de medidas aproximadas a un moderno trasatlántico. ¿Cómo hicieron los inexpertos constructores (concretamente, los tres hijos de Noé) para fabricar semejante embarcación en... una semana, en escasos siete días? ¿Pudieron en tan breve tiempo encontrar los materiales, hallar las herramientas adecuadas (no era, como se puede ver, algo de fácil construcción) y realizar el trabajo de manera por demás exitosa? Y un detalle más: ¿cómo hicieron en tan poco tiempo para conseguir una pareja de cada animal? ¿Quién fue el encargado de ir hasta el continente americano en pos de conseguir una pareja de pumas o de trasladarse hasta Australia a fin de proveer parejas de canguros, koalas y ornitorrincos?

+ La clase de madera que se utilizó también plantea más de un problema. Se menciona el *gofer*, palabra que no existe en ningún diccionario y que, sin embargo, se ha seguido utilizando a pesar de no saber a ciencia cierta qué cosa concretamente es el tal gofer. Se dice que podría derivar del hebreo *kofer*, que significa "canasta tejida con juncos", lo cual lleva un nuevo conflicto: ¿estuvo, entonces el arca, construida con juncos, tal como lo fueron esas pequeñas barcas que, debido a su fragilidad, sólo podían navegar por el Nilo pero, de modo alguno, soportar el tan mentado diluvio?

+ Estudios modernos realizados con tecnología de punta en materia de investigación han demostrado que una embarcación de medidas y características tales como las que menciona la *Biblia*, indefectiblemente se partiría en dos en cuanto fuera lanzada al agua y aporreada por un par de olas.

+ Asimismo esos estudios determinaron que, a causa de su extraña forma, no parecía construida para deslizarse en las aguas sino para desplazarse por el espacio.

+ Igualmente, si en realidad albergaba en su interior un zoológico de toda pareja de animales (elefantes, dromedarios, jabalíes, rinocerontes, caballos, perros, osos, etcétera) es difícil aceptar que la embarcación hubiera podido aceptar tamaño peso sin hundirse.

+ ¿Cómo fueron alimentados los muchos animales durante el diluvio? Si llevaban alimentos para ellos (de acuerdo a la orden de Dios que aparece en la *Biblia*), más peso aún para el Arca y más posibilidades de que se hundiera. Si los animales se comieron unos a otros, carecía de sentido poner una pareja de cada uno para preservarlos. Si el león terminaría engulléndose a la gacela, la orden de colocar una pareja de cada animal para preservar la especie carecería, entonces, de toda lógica.

En busca del Arca perdida

Y la pregunta obligada: ¿Dónde está el Arca?, ¿Dónde se encuentran los rastros de tamaña nave? En principio digamos que la *Biblia* no menciona absolutamente nada acerca del destino de la embarcación. Una vez que el diluvió cesó y los pasajeros abandonaron el Arca. ¿Qué pasó con ella? ¿Dónde fue a parar? El *Antiguo Testamento* guarda silencio absoluto respecto del tema. Por supuesto, hubo a lo largo de la historia muchos investigadores empeñados en encontrar el Arca... o lo que quedara de ella. Pero a ninguno de ellos le sonrió la suerte. Lo más que parece haberse encontrado fueron algunos fragmentos de madera y un dudoso bastón que, además, nadie parece haber visto jamás.

Pasemos revista a los hitos más importantes de esa historia:

+ La mención más antigua del Arca de Noé hecha por un cristiano data del año 180 d.C. y aparece en los textos de Teófilo, obispo de Antioquía, ciudad del Asia Menor. En ese texto se decía que el Arca se posó en las montañas de Arabia, mención que no resultó muy verosímil para quienes sabían que en ese país no hay elevadas montañas.

+ El cronista Fausto de Bizancio escribió en los primeros años de la era cristiana que un obispo de origen persa llamado Jacobo viajó en peregrinación a un lugar que se suponía era el monte Ararat. Una vez allí, recibió de un ángel un fragmento de madera petrificada que había formado parte de la nave. Según cuenta la leyenda, se conserva dentro de un cofre de oro en el monasterio de Echmiadzin. Pero lo cierto es que nadie parece haber comprobado su existencia.

+ Una relato armenio narra un hecho protagonizado por un grupo de monjes que viajaron al supuesto Ararat que se encontraría en Armenia. El viaje fue llevado a cabo en el siglo III d.C y se cuenta que el religioso que iba al frente del grupo declaró que cayó en un sueño profundo y que tuvo una extraña visión. Un ángel le habló y le dijo que se hallaba en un lugar prohibido pero, en vistas de la insistencia de los religiosos en descubrir el Arca, un emisario del Señor le haría entrega de un fragmento que, por supuesto, nadie ha visto ni sabe donde está.

+ Sexto Julio Africano, por su parte, se mostró muy seguro de que el Arca se encontraba en Irán.

+ Durante el siglo IV, algunos sabios exégetas coincidieron en afirmar que el monte bíblicamente conocido como Ararat, no era otro que el monte Massis de Armenia.

+ En la misma época, otro grupo de estudiosos llegaba a una conclusión distinta con igual seguridad: el monte bíblico era el Agri Dagi, montaña turca.

+ Más tarde puntualizaría el Corán que la nave fue a posarse en un monte del sudeste turco de 3900 metros de altura, conocido actualmente con el nombre de Cilo Dagi.

+ Por su parte, Flavio Josefo, autor de *Las guerras judías* y *Las antigüedades judaicas*, aseguraba que había que buscar el Arca en Turquía, en la ciudad de Haran cercana a la frontera con Siria.

+ Muchos siglos después, en 1829, el alemán Friedrich Parrot realizó una expedición hacia el monte bíblico pero no halló el menor indicio del navío.

+ En 1845, D. W. Ahich también hizo otro tanto, para regresar asimismo con las manos vacías.

+ Lord James Bryce emprendió en 1876 la escalada del gran Ararat. Solo volvió con un bastón de madera que, según su relato, había encontrado en el lugar y que, según el aristócrata, no podía ser sino un objeto que se le había caído en su momento a algún pasajero del Arca.

+ En 1892, un dignatario de la Iglesia Nestoriana, John Mouri emprendió su cuarto viaje al Ararat en busca de la tan preciada y esquiva nave. A su regreso, el expedicionario tiró la bomba: había encontrado el Arca. La había hallado intacta, penetró en ella y tomó sus medidas que, asombrosamente, coincidían con las especificadas en el *Génesis*. Por supuesto, nadie más volvió a verla.

+ En 1916 un aviador ruso llamado Vladimir Roskovtisky sobrevoló la zona y aseguró que divisó, en la ladera del monte, lo que le parecieron los restos de una antigua embarcación. Informó de su descubrimiento al Zar, quién organizó de inmediato una expedición al lugar. Pero (siempre hay un pero) cuando estalló la revolución de octubre, en medio de tanto ajetreo, se perdió el informe redactado por los miembros del equipo expedicionario.

+ Hardwick Knight, un alpinista neozelandés emprendió en 1930 la ascensión y descubrió, unos fragmentos de madera esponjosa y oscura que, presupuso, formaron parte del Arca. Descendió con ellos guardados en su mochila pero (sí: siempre hay un pero) los resguardó tan mal que se deshicieron antes de llegar al laboratorio donde debían ser analizados.

+ En 1949 fue el turno de Aaron Smith, misionero retirado que vivía en Carolina del norte, a quien acompañaron el físico W. Ogg y el decorador E.Newton. Según relató el clérigo en su momento, una voz celestial le había indicado el punto exacto donde encontraría el Arca. Pero, o la voz estaba equivocada o el religioso tenía serios problemas de audición, ya que no encontró absolutamente nada, ni siquiera los humildes trozos de madera que halló su predecesor.

+ Le siguió Jefferson Greene, un petrolero texano. Sobrevolando la zona en su helicóptero dijo haber tomado fotografías que mostraban claramente el perfil del Arca, un tanto oculta entre el hielo y las rocas. Exhibió las fotos en cuestión a varios personajes de dinero para animarlos a colaborar en la expedición de búsqueda... pero (sí, sí y sí: siempre hay uno) el material fotográfico era de una tan mala calidad que no convenció a nadie. Y no hubo tal expedición.

+ En 1964, otro ciudadano estadounidense, John Libi dijo también haber tenido una revelación en sueños: el dato de la ubicación exacta del Arca. Por supuesto, armó su expedición acompañado por cuatro alpinistas y decidido y esperanzado en triunfar donde todos los demás habían fracasado. No triunfaría, es cierto, pero viviría algo digno de una película de Indiana Jones. En un principio todo iba bien para Libi y sus compañeros, pero... una tormenta se desató con una furia espantosa y, como consecuencia de ello, debieron regresar a la base. Al hacerlo, por una equivocación y en medio del caos climático, los cinco hombres ingresan en territorio soviético, cayeron en un barranco y salvaron su vida verdaderamente de milagro. Según el relato de los expedicionarios, luego fueron perseguidos por un hambriento oso, del que escaparon refugiándose en una caverna. Más tarde, solicitaron refugio en un puesto militar soviético. Allí fueron confortados con vodka y alimentos para, luego, ser acusados de espías. Finalmente, fueron dejados en libertad y retornaron a casa, por supuesto, sin haber descubierto nada en absoluto.

+ El francés Fernand Navarre emprendió en 1972 su primer viaje a Ararat y regresó provisto de varias muestras de madera que, aseguraba, como no podía ser de otra manera, que pertenecían al Arca. Sin embargo, cuando el material en cuestión fue sometido a pruebas de laboratorio toda la ilusión del francés se desmoronó: las maderas databan del 800 d.C., lo cual es, por cierto una antigüedad por demás considerable, pero no es ni remotamente la del Arca bíblica. Empero, Navarre no se desalentó y retornó al monte Ararat y en el fondo de un barranco situado por encima de los 4000 metros encontró, nuevamente, maderas. Se trataba de pieza con forma de L y esta vez, sí, estuvo seguro de que había sido parte del arca. El hallazgo fue a parar a la Universidad de California y, luego de someterlos a los exámenes de rigor, se llegó a una conclusión deprimente: los restos no tenían, ni siquiera, un siglo de antigüedad.

✦ En 1980 la revista *Life* publicó una fotografía aérea que mostraba lo que aparecía como un colosal navío en lo alto del monte Ararat. Esto causó gran revuelo y una expedición partió casi al instante a encontrarse con el Arca. Pero lo que en verdad halló en el lugar en cuestión no fue sino una formación natural resultado del desprendimiento de unas rocas.

Y dejamos para última instancia, no a la referencia o expedición última en el tiempo, sino a una muy lejana pero que merece un apartado especial debido a su importancia y a su carácter arcano. Según muchos eruditos los Templarios no sólo emprendieron su ruta hacia Oriente para rescatar el Santo Sepulcro: también tenían otra misión secreta: encontrar el Arca de Noé.

El Arca de Noé:
la búsqueda secreta de los Templarios

Los templarios fueron los soldados de Cristo, los arquetipos del cruzado. Cuando pensamos en las Cruzadas y en quienes las realizaron aparece en nuestra mente la imagen de un templario y vemos a un monje guerrero con un manto blanco adornado con una cruz roja, precisamente la cruz templaria.

De hecho, no fue la única orden que iba a la busca de rescatar el Santo Sepulcro, pero sí la más recordada. El nombre completo y verdadero de la orden en cuestión era Pobres Caballeros de Cristo y del Templo de Salomón y fue fundada en 1118, con el fin de velar por la seguridad de los caminos y las carreteras, cuidando de manera especial de la protección de los peregrinos que iban desde Europa hasta el Santo Sepulcro. Durante 200 años acumuló riquezas, poder político y económico, pero nunca develó su misión secreta y verdadera, nunca exitosa: encontrar el Arca del patriarca Noé. Sí: ya que las sacrificadas tropas se encontraban en Oriente, tenían otra misión además de la oficial: debían encontrar y resguardar el Navío bíblico. Muchos testimonios acerca de esta secreta misión fueron recogidos por el estudioso esoterista bíblico Leónidas Mendoza. Allí, en esos documentos hoy prácticamente inhallables, se cuentan largamente las esperanzas de los caballeros del Temple y las múltiples estrategias pergeñadas por estos soldados para encontrar el Arca. Por supuesto, esa documentación también permite atisbar claramente la sensación de tristeza que se apoderó de los Caballeros Templarios cuando debieron regresar con las manos vacías... tan vacías como se encontraban al emprender la expedición. Un fragmento de esos documentos firmado por R. Marmen (no se tienen más datos al respecto y se supone que poseía el grado de caballero al utilizar el término "hermano") relata: "Llevamos muchos días con sus muchas noches buscando y sufriendo afrentas, pero sin nada encontrar. Mis hermanos templarios (y hasta el mismo mariscal) no pueden borrar de su frente y de sus ojos el desánimo que de ellos se ha hecho presa. Ni siquiera tenemos aquí el contento de socorrer y auxiliar a los peregrinos. Solos estamos, especialmente en las frías noches y cada día y cada noche con menos esperanza de hallar los rastros del Arca con la que el patriarca Noé salvó la vida en la tierra. Los reproches no dejan de acudir a mi consciencia: hice voto de obediencia y no me arrepiento, pero no puedo dejar de sentir el desaliento que..." (hasta allí llega el fragmento del manuscrito)

Algunas conclusiones acerca del Arca

El Arca no se ha encontrado, pero las controversias continúan. Buena parte de los fieles lectores de la *Biblia* defiende a rajatabla la certeza de que el Arca se encuentra todavía en las laderas del monte Ararat y espera pacientemente ser descubierta y ser sacada a luz para mostrarse al mundo como evidencia de la indiscutida verdad bíblica. Por otro lado, y como no podía ser de otra manera, existen igual número de objeciones de quienes piensan los hechos desde un punto de vista lógico. Veamos qué es lo que se objeta:

+ Aunque el Arca hubiera existido y aún si estuviera efectivamente en el monte Ararat, existen factores negativos (los glaciares que fueron cubriendo de hielo y rocas la embarcación a lo largo de los milenios, los periódicos terremotos, los derrumbes y las erupciones volcánicas) que harían imposible hallar una verdadera embarcación: sólo restos.

+ Una embarcación construida enteramente en madera (material que tarda poco en desintegrarse) no podría permanecer intacta (ni mucho menos) después de tanto tiempo y menos aún si el monte se encontraba y se encuentra cubierto de hielo.

+ ¿Y qué decir, entonces, de las maderas encontradas en la zona, más allá de que su antigüedad (ni remotamente) se corresponda con la del Arca? Una hipótesis interesante al respecto es la que sostiene el doctor L.R. Bailey, de la Universidad de Duke. Este científico argumenta que se trata de restos de tributos dejados por quienes llegaron hasta el lugar para rendir adoración al patriarca Noé, ignorando que el Arca bien pudo ser solamente una fábula.

¿Tiene el diluvio explicación científica?

Según se podrá apreciar más adelante, las bíblicas plagas de Egipto (las cuáles son descriptas en el *Exodo* a modo de castigo divino) bien pueden tener su explicación en una serie de sucesos perfectamente comprensibles para la ciencia de hoy en día. ¿Podemos hacer un razonamiento análogo con el diluvio? Sin duda que sí. Más allá de abrevar en relatos míticos de otras culturas, los escribas bíblicos pudieron ser testigos de algunos de los siguientes hechos que operaron a modo de "inspiración" para narrar el diluvio, esa gigantesca, mítica y tremebunda lluvia de cuarenta días y cuarenta noches. Estos acontecimientos bien pudieron ser:

+ Una inundación ocasionada por la subida del nivel del Golfo Pérsico, entre cuyas posibles causas podría estar la erupción de un volcán submarino que provocó una marejada o en la caída de un asteroide con idéntico efecto.

+ Un aumento de temperatura en las montañas del norte que generó un intenso deshielo, seguido de una potente riada.

+ Una crecida muy fuera de lo común de los ríos Tigris y Eúfrates. En este caso, al no aparecer sedimentos en otros lugares de Asia Occidental, se trató evidentemente de una inundación local y nunca de un diluvio universal.

En resumen:

+ La idea de que Dios generó el diluvio y salvó a Noé en su arca, está presente en multiplicidad de narraciones anteriores que refieren a diluvios provocados por otros dioses. O sea: desde el punto de vista estrictamente literario, el diluvio es un refrito de mitos anteriores.

+ Si, por el contrario, no se lo considera un hecho literario y se lo pretende tomar como verdadero, resulta simplemente insostenible

¿Qué más podemos decir al respecto? El lector podrá sacar sus propias conclusiones.

La Torre de Babel:
un problema comunicacional

Finalizado el diluvio y seca la superficie de la tierra, Noé y su familia descendieron a fin de establecerse en la tierra del Sinar que, curiosamente, debía localizarse muy al sur del monte Ararat, entre los ríos Tigris y Eufrates. El tiempo transcurrió y la población comenzó a aumentar en base a gente que tenía hábitos comunes, hablaba la misma lengua y tenía los mismos gestos para entenderse. Así las cosas, deciden un día comenzar con la construcción de la Torre de Babel. Pero dejemos a la misma *Biblia* hablar al respecto: "Era la tierra toda de una sola lengua y de unas mismas palabras. En su marcha desde el Oriente hallaron una llanura en la tierra de Sinar y se establecieron allí. Dijéronse unos a otros: Vamos a hacer ladrillos y a cocerlos al fuego". Y se sirvieron de los ladrillos como de piedra, y el betún les sirvió de argamasa; y dijeron: "Vamos a edificarnos una ciudad y una torre, cuya cúspide llegue hacia el cielo y hagámonos un monumento, por si tenemos que dividirnos por la faz de la tierra". En cuanto Jehová tuvo conocimiento del proyecto y de su ejecución, sintió un profundo enojo y, para impedirlo, su estrategia fue confundir las lenguas de manera tal que quienes estaban construyendo esa torre que debía llegar hasta el cielo no pudieran comunicarse y, por ende, no pudieran seguir adelante debido a la confusión reinante. Fue por esta razón que la torre en cuestión se conoce con el nombre de Babel, ya que los estudiosos han afirmado tal denominación deriva de *balal*, término que en hebreo significa "confusión". ¿Existió realmente la Torre de Babel? Sí y no: muchos eruditos de los estudios sagrados han llegado a la conclusión de que la idea de la torre de Babel fue tomada por los escribas de un tipo de edificación que desde hacía mucho tiempo existía en la zona de Babilonia: los *ziggurats*. En Babilonia había un buen número de astrónomos: ese pueblo era un gran estudioso del cielo y su significación, al punto que se considera que la astrología tuvo origen precisamente en esa civilización. Como Babilonia no tenía elevaciones considerables del terreno, debían construirse "observatorios" para poder llevar a cabo la tarea de estudiar el firmamento y el movimiento de los astros: estos eran, precisamente, los ziggurats. Nótese, además, la similitud en las finalidades: los ziggurats tenían la misión de "acercar" el cielo para observarlo, mientras que el *Génesis* describe que la Torre de Babel debe tener "una cúspide que llegue al cielo". Los ziggurats eran similares a las pirámides y, al igual que en el relato bíblico, eran construidos con barro, ya que no había piedras al alcance de la mano para efectuar una edificación con mayor resistencia a los agentes atmosféricos. Se realizaban en base a terrazas sucesivas, cada una de un tamaño menor a la anterior, de manera similar a las pirámides, y orientadas a los cuatro puntos cardinales, de modo tal que los astrónomos pudieran realizar sus cálculos con la mayor exactitud posible.

¿Y la confusión de lenguas y la ira del Señor? Pura literatura para maquillar un hecho existente (los ziggurats) a fin de amoldarlo a lo que el *Génesis* venía planteando hasta el momento, fundamentalmente por una razón: si toda la humanidad provenía de Adán y Eva ¿por qué en el mundo se hablaban (y se hablan) idiomas distintos? Eso parece haber preocupado a los autores del *Génesis* y la confusión de lenguas originada por la ira del Señor, era una buena explicación.

¿Fue encontrada la Torre de Babel? Nuevamente, sí y no. Numerosas expediciones arqueológicas realizadas en la zona, y que trabajaron básicamente con excavaciones, han encontrado varios restos de lo que los creyentes podrían considerar la tan mentada torre. Sin embargo, no son en realidad más que restos de ziggurats y ruinas babilónicas (o de civilizaciones próximas) muy desgastadas por el paso de los siglos y las inclemencias del tiempo.

Capítulo 5

Sodoma
y Gomorra

La aniquilación por parte de Dios de las libertinas y lujuriosas urbes de Sodoma y Gomorra, es un lugar común que conoce toda persona, más allá de si ha leído o no la *Biblia*, para aludir a alguna situación, lugar o grupo de personas que se encuentra en un desmadre tal de libertinaje que resulta insostenible y, por lo tanto, lo único esperable es su pronta destrucción.

Se lee en el *Génesis*: "Y prosiguió el Señor: el clamor de Sodoma y Gomorra ha crecido mucho, y su pecado se ha agravado en extremo; voy a bajar, a ver si sus obras han llegado a ser como el clamor que ha venido hasta mí, y si no, lo sabré"... E hizo el Señor llover sobre Sodoma y Gomorra azufre y fuego que venía del Señor, desde el cielo. Destruyó esas ciudades y todo el llano y cuantos hombres había en ellos y hasta las plantas de la tierra."

El *Antiguo Testamento* relata este incidente (la destrucción divina de ambas ciudades) como un hecho histórico, como álgo que verdaderamente tuvo lugar. Sin embargo, la realidad es que Sodoma y Gomorra nunca existieron. Además de ese hecho, examinaremos detenidamente esta historia para comprobar que se repiten otra serie de operaciones sobre los textos que venimos señalando:

+ Presentar como fruto de un solo autor aquello que ha sido escrito por varios.
+ Reciclar y presentar como originales mitos que tomaron de otras culturas.
+ Adjudicarle carácter divino a fenómenos naturales

Vamos a ellos:

Sodoma y Gomorra: las ciudades que jamás existieron

En principio, nunca se supo con exactitud donde estuvieron ubicadas Sodoma y Gomorra, pero la *Biblia* las sitúa en algún sitio cercano al mar Muerto, en una región conocida como el valle de Sidim, que según el *Génesis* "es el mar de la Sal" (es decir, el salado mar Muerto). Esto indica claramente que en algún momento el mar de la sal cubría el valle de Sidim. Dicho en otras palabras: las ciudades de Sodoma y Gomorra, en caso de que hubiera existido, estaban ubicadas en una llanura bien regada y convenientemente fértil que existía en el emplazamiento que ahora se encuentra cubierto por la punta del mar Muerto. El *Génesis* también explica que Lot condujo su ganado desde esa parte de la llanura al norte del mar Muerto hasta la punta sur del valle del río Jordán en el extremo sur del mencionado mar. Queda manifestado de manera por demás clara que la región donde hoy existe el mar Muerto era una zona cultivable, de pastos bien regados, que se describe en la *Biblia* de la siguiente manera:

"Alzando Lot sus ojos vio todo el llano del Jordán, enteramente regado –antes de que destruyera el Señor Sodoma y Gomorra– que era como el paraíso del Señor, como Egipto según se va a Segor. Eligió, pues, Lot todo el llano del Jordán y viajó hacia el Este, y se separaron el uno del otro. Abraham se asentó en la tierra de Canaan y Lot se asentó en las ciudades del llano y plantó sus tiendas hasta Sodoma".

¿Cuál es el inconveniente con ello? Que lo que se acaba de explicar, mencionar y transcribir hasta el momento está en completo desacuerdo con un hecho científico innegable: el registro geológico indica que el mar Muerto ha existido desde hace millones de años. Por lo tanto, el precedente relato no puede ser verdadero, de ninguna manera. Continuemos: tras asentarse en Sodoma, la *Biblia* cuenta que cuatro poderosos reyes mesopotámicos conformaron una coalición para invadir Sodoma y Gomorra y algunos aliados locales. La unión mesopotámica reinó en las ciudades durante un lapso de catorce años, utilizándolas como base para efectuar otras conquistas. El decimocuarto año, las ciudades se rebelaron, pero los mesopotámicos echaron a los pueblos rebeldes y tomaron prisionero a Lot, supuestamente porque se trataba de un personaje en la región. Y aquí se hace necesario hacer una segunda observación: los autores, olvidándose de lo hermosa que debía ser la región antes de la destrucción de Sodoma, describen el lugar como lleno "de pozos de betún", descripción que, al fin y al cabo, encaja más con la región que nos ocupa. ¿Por qué esta contradicción? Una prueba más de que aquello que se presenta como la palabra de Dios, del aliento divino hecho texto es, en verdad, fruto del trabajo de diversos escribas a lo largo de los años, hecho que siempre se intentó ocultar y negar.

Cuando Abraham toma conocimiento de la captura de Lot, reúne a un ejército de 318 soldados de entre sus numerosos sirvientes y persigue al ejército mesopotámico "hasta Dan". Esta última expresión que se encuentra entrecomillada constituiría un modismo idiomático para decir "hasta el norte de Israel" que es donde Dan estaba ubicada. Pero Dan no estaba ubicada ahí en tiempos de Abraham: esa región se convirtió en Dan (según la misma *Biblia*) después del éxodo cuando la tribu de Dan se asentó en esos territorios. Nuevamente, errores, lapsus de los múltiples escribas que intervinieron en su escritura.

Después de que Abraham rescata a su sobrino, Lot regresó a Sodoma. Por esa época, Abraham no tenía hijos a quien pasarles la alianza con Dios, la promesa de que Canaán pertenecería a Abraham y a sus herederos. Puesto que el sobrino de Abraham, Lot, era un pariente cercano que, además, había recorrido largas distancias junto a su anciano tío, parecía constituirse en el heredero forzosamente lógico. Pero... un cuarto de siglo más tarde, el Señor le comunicó al anciano Abraham (que a la sazón tenía cien años) que tendría un hijo llamado Isaac y que su hijo sería el heredero de la alianza. Tras ese anuncio, Dios determinó que la maldad de los habitantes de Sodoma y Gomorra hacía necesario, imprescindible que él destruyera ambas ciudades. Cuando Abraham se enteró del plan del Señor, el cual terminaría exterminando también a los buenos, justos y devotos (como consecuencia ineludible de la destrucción de ambas urbes, lo cual incluía a su sobrino Lot) se acercó y le dijo: "Pero ¿vas a exterminar juntamente al justo con el malvado?". Finalmente, llegaron a una negociación que fue la siguiente: si Dios encontraba diez hombres honrados en Sodoma, entonces, se abstendría de destruir la ciudad. Para saber si tales hombres existían, envío dos ángeles en una suerte de misión de reconocimiento. En Sodoma, los ángeles se encontraron con Lot, quien les ofreció la hospitalidad de su casa. Mientras el anfitrión compartía su comida con los ángeles, una multitud de sodomitas llamaron a la puerta y exigieron que entregara a sus huéspedes "para que los conozcamos", eufemismo que aludía al conocimiento carnal. Ante tal requerimiento, Lot les rogó que se retiraran y ofreció, a modo de premio consuelo, sus dos hijas vírgenes a modo de sustitutas de los huéspedes requeridos. En el *Génesis* puede leerse el ofrecimiento de la siguiente manera: "Mirad, tengo dos hijas que no han conocido varón; os las sacaré para que hagáis con ellas como bien os parezca; pero a esos dos hombres no les hagáis nada, pues para eso se han acogido a la sombra de mi techo". Antes de continuar, una salvedad fundamental: como se podrá apreciar no es importante para Lot (justo y bueno como era) que sus hijas vírgenes sean violadas por una lujuriosa y desenfrenada multitud, sino que primordial era que no sucediera otro tanto con sus huéspedes. ¿Cuál era la razón de ello? Que en tiempos antiguos como el que nos ocupa y en gran parte de esa región del planeta, la hospitalidad hacia huéspedes y viajeros era de una importancia capital. Los relatos bíblicos incluyen numerosos testimonios y narraciones al respecto, al igual que lo hacen los mitos y leyendas de otras culturas de la zona.

Una vez que Lot ofrece a sus hijas a la lúbrica multitud, los dos ángeles-huéspedes meten a su anfitrión dentro de la vivienda y ciegan a los intrusos. Acto seguido, anotician a Lot que Dios tiene planificado asolar la ciudad y que, por lo tanto, él y su familia deben huir en pos de salvarse. Cuando Lot informa a sus familiares de la advertencia recibida, sólo su mujer y sus dos hijas le creen y se unen a él en el intento de huir de la ciudad ilesos. La narración continúa y Lot y su familia abandonan la urbe. Allí es cuando Dios procede a la destrucción que es relatada en los siguientes términos: "Entonces el Señor llovió del cielo sobre Sodoma y Gomorra, azufre y fuego por virtud del Señor. Y arrasó estas ciudades y todo el país confinante, los moradores todos de las ciudades y todas las verdes campiñas del territorio." El *Génesis* relata también que al mirar Abraham hacia Sodoma y Gomorra "vio levantarse de la tierra pavesas ardientes, así como la humareda de un horno o calera".

Pero sigamos con los tan frecuentes errores a los que venimos pasando revista en este apartado que, ahora, tomarán la forma básica de anacronismos varios, a saber:

+ Varios miembros de la familia de Abraham tienen nombres asociados con territorios que no existieron hasta cientos de años después de la época de Abraham.

+ Abraham y Lot se trasladaron a Betel que, según la *Biblia*, no ostentó ese nombre hasta los tiempos de Jacob, nieto de Abraham.

+ Abraham rescató a Lot del territorio de Dan que no tuvo ese nombre hasta mucho después éxodo desde Egipto.

Por otro lado, y éste es el punto fundamental, tal como se adelantó líneas más arriba no hay testimonios históricos que demuestren la existencia de Sodoma y Gomorra.

La palabra Sodoma viene de una raíz que significa "chamuscado", un nombre que evidentemente, sólo puede haber surgido luego de la destrucción de la ciudad y nunca antes. ¿Cómo referirse a un sitio como "el chamuscado" si se trata de una ciudad que aún no ha recibido el azufre y el fuego que provenían del cielo? Ese hecho, junto con los variados anacronismos asociados con los acontecimientos de la vida de Lot, demuestran a las claras que el relato de Sodoma y Gomorra alcanzó su forma escrita actual escrita hacia finales del primer milenio a. C., basado (como no podía ser de otra manera) en mitos y leyendas pretéritos, pertenecientes a otras culturas.

Pero... hay más: la narración de la destrucción de Sodoma y Gomorra se parece sospechosamente a otro legendario relato bíblico: la destrucción de la tribu de Benjamín que aparece en *Jueces*. Esa narración a la que nos referimos trata acerca de un sacerdote levita que, mientras viaja con su concubina, al pasar por la región de Gibea, es visto por un anciano efraimita sale de sus campos. El viejo, entonces, le ofrece la hospitalidad de su casa. De manera similar a cómo sucedía en el relato anterior con Lot y los ángeles huéspedes, algunos ciudadanos se acercan hasta la casa del anciano y exigen que el hombre salga para que ellos puedan "conocerlo". El anfitrión propone un trueque, cierta medida, análogo al anterior: en lugar de ofrecer a cambio sus dos hijas vírgenes (como en el *Génesis*) hace otro tanto con su propia hija y la concubina del huésped. En este caso, los ciudadanos toman efectivamente a la concubina y abusan de ella hasta darle muerte. El sacerdote recoge su cuerpo, seccionado en doce partes, y envía una parte a cada una de las doce tribus de Israel, clamando de esa manera venganza contra la ciudad. Si sustituimos al sacerdote y colocamos en su lugar a los dos ángeles, podremos apreciar que las dos narraciones ofrecen tramas prácticamente

Copiones!

idénticas. Pero no es solamente una cuestión de trama y argumento. Hay en los dos relatos expresiones idiomáticas iguales, tales como la palabra "conocer" utilizada para aludir al contacto carnal.

Finalmente, en el relato de *Jueces,* mediante la ayuda del Señor, la ciudad, que formaba parte de la tribu de Benjamín, es asolada, destrucción que se cuenta de la siguiente manera: "cuando la nube de humo comenzó a alzarse como una columna sobre la ciudad, volvieron los ojos hacia atrás y vieron que toda la ciudad subía en fuego hacia el cielo". Tal como se podrá apreciar, se trata prácticamente de la misma escena vislumbrada por Abraham ante la destrucción de Sodoma. Luego, los israelitas arrasan con casi toda la tribu de Benjamín, si bien un puñado de hombres logran escapar. Los israelitas acceden a que los benjamitas que quedan tomen como esposas a algunas mujeres no hebreas de modo tal que les sea posible continuar con su estirpe.

Recapitulemos, entonces, todas las similitudes entre ambos relatos:

Una figura de carácter religioso (en un caso dos ángeles, en el otro un sacerdote) entran a una ciudad que se caracteriza por su maldad.

Un ciudadano de esa urbe le ofrece al huésped su hospitalidad.

Estando en la casa del anfitrión, los hombres de la ciudad exigen que la figura religiosa salga con el objetivo de que ellos puedan forzarlo sexualmente.

La expresión "conocer" es utilizada para aludir a esa violencia sexual.

El anfitrión pide a los ciudadanos que respeten el derecho a la hospitalidad y ofrece una alternativa, siempre femenina.

La ciudad es destruida y el humo se eleva hasta el cielo.

El acto de destrucción acaba prácticamente con la población entera y sólo consiguen escapar a ella unos pocos hombres.

Luego de esta recapitulación, bien vale preguntarse. Si Sodoma y Gomorra realmente hubieran existido, tal como la *Biblia* pretende hacérnoslo creer, ya que presenta lo que en ellas sucedidó como hechos históricos ¿no sería por demás poco posible que haya pasado casi exactamente lo mismo, de igual manera en otro lugar?

La respuesta sólo puede ser una: un paralelismo tan evidente entre ambas historias, indica que ambas surgen de un mismo relato legendario acerca de una imaginaria ciudad malvada que abusaba del derecho a la hospitalidad. Por lo tanto, podemos concluir que tanto Sodoma como Gomorra eran ciudades mitológicas que existieron pura y exclusivamente a modo de relatos folklóricos que, luego, fueron incorporados a la *Biblia*. Prueba de ello son: la falta de evidencia arqueológica alguna que constate o haga presuponer la existencia pretérita de ambas ciudades, la supuesta ubicación de ambas urbes bajo un mar salado que había existido allí durante millones de años, los numerosos anacronismos presentes a lo largo de la narración, el nombre *Sodom* que significa "chamuscado" y la ulterior duplicación de prácticamente todos los elementos narrativos en otra historia.

La mujer de sal

Cuando Lot y su familia huyen de la ciudad de Sodoma, los ángeles les advierten que no vuelvan su vista atrás ya que si lo hacen se verán ellos también consumidos por la destrucción. Pero la mujer (sin nombre) de Lot no sigue el consejo, mira hacia atrás y se convierte en una columna o bloque de sal. El *Génesis* relata: "La mujer de Lot miró hacia atrás y se convirtió en una columna de sal". En realidad, este relato intenta dar una explicación divina a una realidad natural: la existencia de sal en la desierta orilla sur del mar Muerto. De la misma manera que en el relato de las plagas de Egipto se concede carácter divino a fenómenos naturales (plagas de insectos, enrojecimiento del río, tinieblas) aquí se intenta explicar de la misma forma un hecho natural y geográfico.

La zona que rodea la orilla sur del mar Muerto era una importante comunidad minera de sal. Por lo tanto, no es de extrañar que surgieran leyendas a partir de un hecho, en cierta medida curioso, como los grandes depósitos de este mineral. Precisamente, la historia de la mujer de Lot es una de ellas. Pero, nuevamente, no se trata de una leyenda o mito original, ya que se origina en el mito griego de Orfeo y Eurídice. En él, Orfeo pide permiso para sacar a su amada del reino de los muertos. Efectivamente, en este mito el permiso le es otorgado, pero con una condición: que no se vuelva a mirar a su amada. Orfeo accede pero, en el periplo, no puede controlar sus deseos de contemplarla y se vuelve para mirarla mientras ascienden. Con esa acción, ella desaparece de su lado para regresar al reino de los muertos. Pero no se trata exclusivamente de un mito griego: el tema de la entrada al reino de los muertos y el de poner al héroe a prueba es una temática común en Medio Oriente, tal como lo evidencia el relato sumerio de *El descenso de Ishtar*. En este caso, la diosa desciende al reino del más allá a fin de quitárselo a su hermana, cosa que no consigue. Antes de que su hermana le permita volver al mundo de los vivos, Ishtar debe encontrar a alguien que la suplante. Para encontrarlo, Ishtar viaja de ciudad en ciudad acompañada por un séquito de demonios hasta que, finalmente, llega al lugar donde su marido, Dumuzi, es rey. Éste provoca la ira de la diosa y ella lo mira con el ojo de la muerte. Entonces, Dumuzi implora a los dioses que lo ayuden a escapar de la horda de demonios e intenta escapar de la muerte, cosa que no consigue.

En el caso del relato de la mujer de Lot, la maléfica ciudad de Sodoma toma el lugar que ocupa el reino de los muertos en *Orfeo y Eurídice* y el reino del más allá en *El descenso de Ishtar*

Capítulo 6

Las plagas, el éxodo y los ¿Diez? Mandamientos

En este capítulo abordaremos y develaremos la verdad oculta (y ocultada) en tres momentos fundamentales del libro del *Éxodo*: las plagas de Egipto, el éxodo de los hebreos huyendo de tierras egipcias y los archiconocidos diez mandamientos que Jehová le entrega a Moisés a modo de ley del pueblo hebreo.

Diez plagas no tan divinas

El *Éxodo* menciona las denominadas "plagas" y las refiere como castigos de Dios. Allí están el río de sangre, las ranas, los mosquitos, las moscas, la peste, las úlceras, el granizo, las langostas, las tinieblas espantosas y la muerte de los primogénitos asolando a los egipcios a modo de advertencia para que liberen al pueblo hebreo. Verdaderamente, las visiones transmitidas en estos.fragmentos de la *Biblia* son tremebundas. Ranas que entran en las casas y se meten en las camas mientras las personas duermen y se introducen en las viandas; enjambres de moscas molestas y dañinas; polvo que produce úlceras y tumores; lluvia de piedras y fuego mezclados entre sí... en fin: un panorama, por cierto, poco agradable.

En los pueblos primitivos, cuando un suceso no podía (o aún no puede) ser explicado de manera científica, racional porque, por ejemplo, supera la capacidad de comprensión de esa comunidad, se le atribuye entonces un origen divino, se lo concibe como un milagro o un castigo enviado por el o los dioses (de acuerdo a si responden, respectivamente, al monoteísmo o si son politeístas). Sin embargo... existen explicaciones científicas, racionales para las terribles plagas que asolaron a Egipto.

La plaga de sangre

Cuenta la *Biblia* que Moisés pidió a Aarón golpear el río con su vara prodigiosa y, acto seguido, el agua se tornó roja. Como consecuencia, murieron los peces y nadie pudo beber de ella porque repugnaba tanto al gusto como a la vista. Los rabinos autores de este pasaje bíblico no se interesaron (ya que se encontraban en la ciudad de Babilonia) en obtener información adicional acerca de la denominada "plaga de sangre" (en qué momento del año se produjo, si había registro de algún suceso similar que hubiera sucedido en el pasado, etcétera) y lo relataron asimilándolo a un milagro sucedido gracias a los extraordinarios poderes de Moisés. Lo cierto es que aquel cambio de coloración del río tenía lugar anualmente y, por lo tanto, los habitantes del lugar, ya habituados a ello, no le concedían mayor importancia. Efectivamente, se trata de un fenómeno que se produce de manera periódica tanto en Egipto como en otras regiones cálidas del planeta. Concretamente, en el

98

caso que nos ocupa, las aguas del Nilo comienzan a subir el 19 de julio, el mismo día en que la estrella Sirio aparece en el horizonte antes que ningún día del año. Sube entonces, el nivel de las aguas y van adquiriendo gradualmente un color similar al de la sangre, al igual que sucede con las corrientes fluviales de todo el planeta, con posterioridad a unas fuertes lluvias, una inundación o o una crecida poderosa.

Las plagas de ranas e insectos

Como puede leerse en el *Antiguo Testamento,* este episodio consistió en una invasión de los mencionados batracios que salió del río, entraron a las casas, subieron a las mesas y a los lechos, de manera tal que llegaron a cubrir todo el país, incluyendo el palacio del faraón. En relación a los insectos, puede leerse: "Dijo pues el Señor a Moisés: Di a Aarón que extienda su vara y hiera el polvo de la tierra para que nazcan mosquitos en todo el territorio de Egipto. Hiciéronlo así; y extendió Aarón la vara que tenía en la mano, e hirió el polvo de la tierra, y hombres y bestias quedaron infestados de mosquitos y todo el polvo de la tierra se convirtió en mosquitos por todo el país de Egipto". Más adelante, en relación a las moscas, se relata: "Y así lo hizo el Señor. Enjambres de moscas molestísimas y dañinas vinieron a la casa del Faraón y de sus criados, y a toda la tierra de Egipto y quedó el país inficionado de tales moscas".

Por supuesto, hoy en día se sabe que las plagas de insectos (sean éstos langostas, moscas, mosquitos) son moneda corriente en todo el planeta y responden a las más diversas razones. Algunos ejemplos:

A principios de la década del 70, en el nordeste brasileño, aparecieron (cual plaga bíblica) cientos de miles de grillos. Por supuesto, los insectos ocuparon lechos, cocinas, escuelas, oficinas, plazas y todo otro lugar que se pueda imaginar. ¿Cuál fue la causa de tamaña invasión? Esos insectos eran el principal alimento de cierto sapos que comenzaron a ser cazados en pos de aprovechar su piel en la industria marroquinera. Muerto el depredador, su presa pudo reproducirse y vivir a sus anchas. O sea: el tan mentado desequilibrio ecologico se hizo sentir.

Al momento de escribir de este libro, diversas plagas de insectos asolan varios países del continente africano.

Pero... ¿qué decir de la plaga de ranas que, ciertamente, hasta hoy resulta extraña? En otros tiempos, por supuesto, también se consideró el episodio de las ranas como algo verdaderamente fuera de lo común, pese a lo cual, a ningún erudito se le ocurrió buscar una explicación al respecto que fuera más allá de la idea de un milagro. ¿Cómo puede elucidarse el hecho? Algo puede aportarnos Charles Fort, el autor de *El libro de los condenados*. Fort fue un investigador estadounidense que se interesaba por fenómenos aparentemente inexplicables utilizando, entre otros métodos, el rastreo y archivo de noticias al respecto aparecidas en los medios gráficos. Dos de ellas dan cuenta de lo siguiente:

En 1838 la publicación inglesa *Notes and Queeries* daba cuenta de que el 30 de julio de ese año habían caído sobre Londres una lluvia de ranas, luego de una tormenta.

El 4 de julio de 1883 apareció una nota en el *London Times* acerca de un fuerte aguacero que había dejado caer ranas y sapos sobre los montes Apeninos, en Italia.

Lo que los estudiosos argumentan que pasó en estos casos (y en otros similares que no fueron documentados por Fort) es lo siguiente: muchas veces los huevos de estos batracios resultan tan increiblemente pequeños y livianos que, en algunas ocasiones, logran ascender hacia el cielo junto con el agua que se evapora. Luego, se incuban en allí y, al tener el peso suficiente, necesariamente se precipitan hacia la tierra en forma de "lluvia"de ranas.

Las tinieblas

Reza el capítulo X del *Éxodo:* "Dijo entonces el Señor a Moisés: Extiende tu mano hacia el cielo y haya tinieblas sobre la tierra de Egipto, tan densas que puedan palparse. Extendió Moisés la mano hacia el cielo y al instante tinieblas horrorosas cubrieron la tierra toda de Egipto por espacio de tres días". Explica además el texto que fue algo espantoso pues "nadie vio a su prójimo ni se levantó de su asiento en los siguientes tres días". ¿Cuál es la explicación de tan tremebundo fenómeno?

Durante mucho tiempo se atribuyeron las tan terribles tinieblas a una tormenta de arena. Mucho se tardó en ver que, una tormenta de arena es algo tan usual en Egipto que, por más descomunal que fuera, nadie la habría atribuido a la mano de Dios. En los últimos años se barajó la hipotesis de que pudo haberse tratado de un eclipse solar. Sin embargo, los especialistas en el tema se encargaron de negarlo rápidamente: los eclipses solares obedecen y obedecieron en todos los tiempos (en los de los faraones también) a las leyes de la mecánica celeste y, por ende, son fenómenos que duran unos pocos minutos y jamás podrían durar varios días. ¿Cuál es la presunción al respecto que prevalece hoy en día? Que una oscuridad tan larga y total como la sufrida en su momento por los egipcios sólo pudo ser causada por las cenizas de una colosal erupción volcánica. Se conocen ejemplos de numerosos volcanes furiosos que han lanzado al espacio toneladas de cenizas y material incandescente. Los más ilustres son:

El Vesubio: entró en erupción en el año 79 de la era cristiana. Se trató de un fenómeno de magnitud tal que destruyó la hermosa ciudad de Pompeya e hizo otro tanto con las poblaciones cercanas de Herculano y Campania. Antes de la erupción se vislumbraron grandes nubes de vapor al tiempo que el volcán arrojaba enorme cantidades de tierra y ceniza. Finalmente, cuando la erupción se efectivizó, el día se tornó noche cerrada, ya que la ceniza impedía que se filtrara la luz del sol. En el mismo momento que esto ocurría, Plinio el viejo dejó el siguiente testimonio escrito: "El humo ha oscurecido el lugar y las tinieblas son tan absolutas que conceden al ambiente un aspecto de negrura tan completa, como la que produce una lámpara al apagarse".

Krakatoa: se trató de otra legendaria erupción volcánica ocurrida entre las islas de Java y de Sumatra en agosto de 1883. En esta ocasión, las cenizas enviadas al ambiente por el cráter alcanzaron una altura de 60 km y la nube formada pudo ser vista a miles de kilómetros de distancia. Hasta poblaciones que se encontraban a cientos de kilómetros quedaron sumidas en las tinieblas más absolutas por un tiempo por demás considerable.

¿Qué volcán pudo haber ocasionado un fenómeno de este tipo en Egipto? En realidad, no existe en ese país ningún volcán. Sin embargo, si la erupción fue verdaderamente importante (y, de hecho, debió serlo para provocar una oscuridad de tres días) bien podría haberse tratado de un volcán próximo que se hallara en actividad por esas épocas. Y esos eran los casos de tres volcanes de la región oriental mediterranea: el Etna, el Strómboli y el Vesubio, además de un cuarto localizado en el mar Egeo, a un centenar de kilómetros al norte de la isla de Creta y a quinientos al noroeste del delta del Nilo. Actualmente, no existe este volcán pero se sabe de su existencia porque sus restos fueron descubiertos en 1889, en la isla de Thera. Según las investigaciones realizadas, la ciclópea erupción que motivó su posterior desaparición tuvo lugar en el siglo XV a. C. y su intensidad fue tal que resultó mayor que las erupciones del Krakatoa, el Vesubio y el Etna juntos. Hacia mediados del siglo pasado, un equipo de vulcanólogos y arqueólogos descubrió bajo las cenizas de lo que había sido el volcán, las ruinas de una antigua ciudad, conservada en perfecto estado, con lo cual quedó finalmente confirmado que el volcán había destruido la isla de Thera en su mayor parte, al tiempo que nubes de cenizas y gigantescas olas causaban descomunales desastres en Creta. Por supuesto, estas cenizas también invadieron Egipto y prueba de ello es el descubrimiento de un grupo de científicos del Museo Nacional de Historia Natural de Washington, quienes en 1985, encontraron en el delta del Nilo (a unos seis metros de profundidad) cristales y cenizas de origen volcánico.

Lo mas probable es que cuando se produjo la erupción y las cenizas llegaron al Antiguo Egipto, sus habitantes atribuyeran tamaña calamidad a la cólera divina.

Un largo y difícil viaje

Una de las historias más conocidas del Antiguo Testamento es, sin duda alguna, el Éxodo. Ésta cuenta, entre otras cosas, cómo los israelitas lograron escapar de Egipto bajo la guía de Moisés, mientras el faraón y su ejército trataban inútilmente de alcanzarlos. De esa manera, se produce el éxodo más grandioso y exitoso que parece haber conocido la historia de la humanidad. Porque, repitamos, los sucesos relatados en las *Sagradas Escrituras* se consideran verídicos y el denominado *Éxodo* no es la excepción, al punto de que aún actualmente judíos provenientes de las más diversas latitudes recorren parcialmente parte del camino, a modo de homenaje a sus antecesores.

Luego de la décima plaga (la muerte de los primogénitos) los hebreos emprendieron la huida de Egipto. Puede leerse en la *Biblia*: "Moisés le dijo también a Faraón: Esto dice el Señor: a la medianoche saldré a recorrer Egipto; y morirán todos los primogénitos en la tierra de los egipcios, desde el primogénito del Faraón sucesor del trono, hasta el primogénito de la esclava que hace rodar la muela en el molino y todos los primogénitos de las bestias. Y se oirá un clamor grande en todo el Egipto, cual nunca hubo ni habrá jamás. Pero entre todos los hijos de Israel, desde el hombre hasta la bestia, no chistará ni siquiera un perro para que conozcáis cuán milagrosa distinción hace el señor entre egipcios e israelitas. Y todos esos servidores tuyos vendrán a mí y postrados en mi presencia me suplicarán diciendo: "Sal tú y todo tu pueblo que está a tus órdenes. Y después de eso saldremos"

¿Cómo fue esa marcha, que características tuvo? El *Éxodo*, en términos cuantitativos, ofrece los siguientes datos: "Partieron, en fin, todos los hijos de Israel de Ramesés a Socot en número de unos seiscientos mil hombres de a pie, sin contar los niños. También salió agregada a ellos una turba inmensa de gente de toda clase, ovejas y ganados mayores y todo género de animales en grandísimo número". La primera pregunta que se impone es: el *Éxodo* ¿no incluía mujeres? Sólo se habla de seiscientos mil hombres. ¿O las mujeres estarían incluidas en esa "inmensa turba de gente"? Ahora bien: si los hombres eran efectivamente seiscientos mil, además estaban los niños (las familias solían ser numerosas en esa época) y la "inmensa turba de gente" ¿Podríamos calcular en un millón el número de fugitivos? De ninguna manera parece una cifra extraviada. Sí parece (y de hecho, lo es) una cantidad verdaderamente monstruosa. Es un tercio de la población actual de Madrid. ¿Cómo pudo tamaño grupo humano sobrevivir en un desierto? Resulta, simplemente, inaceptable. Y la contradicción que señalamos al respecto no ha sido solamente notada por nosotros. Ya la había advertido (como mínimo) el caústico enciclopedista Voltaire: tamaño grupo de gente no pudo haber sobrevivido en el desierto de Sinaí. Resulta difícil aceptar que la caminata, así como el paso por el mar Rojo, pudieran ser realizados de manera tan fácil y sencilla (y rápida) tal como lo señala la *Biblia*, sobre todo teniendo en cuenta que no tomaron precisamente el camino más corto ni el más fácil. Por eso mismo, un buen número de preguntas elementales queda sin contestar: si los hebreos (tal como lo especifica la *Biblia*) vivían en la tierra de Gossen, cercana al itsmo de Suez, lo que le permitiría llegar a su verdadera patria en poco tiempo y con un mínimo de dificultades ¿por qué los conduce Moisés hacia otro lugar, la orilla del Mar Rojo? ¿Sólo para complicar algo que resultaba relativamente fácil? ¿Por qué tomar el camino más largo que, además, llegado un momento haría que un millón de fugitivos se encontrara con una barrera imposible de franquear a no ser que tuvieran embarcaciones? Y, ciertamente, no las tenían ya que la *Biblia* no las menciona en ningún momento. ¿No hubiera resultado más sencillo tomar el camino del itsmo que conducía de manera más directa a la tierra prometida por el Señor? Pero no... finalmente, cuando el millón de hebreos está frente a una lengua de agua difícil de zanjar a pie o a nado (concretamente, un poco menos que treinta kilómetros), Moisés separa las aguas. Se lee en la *Biblia*: "Extendiendo, pues, Moisés la mano sobre el mar, abríole el Señor por en medio y soplando toda la noche un viento recio y abrasador lo dejó en seco, y las aguas quedaron divididas. Con lo que los hijos de Israel entraron por medio del mar en seco, teniendo las aguas como por muro a derecha e izquierda. Los egipcios, siguiendo el alcance, entraron en medio del mar tras ellos con toda la caballería de Faraón, sus carros y gente de a caballo. Estaba ya para romper el alba y he aquí que el Señor, echando una mirada sobre la columna de fuego y de nube sobre los escuadrones de los egipcios, hizo perecer su ejército y trastornó las ruedas de los carros, los cuales caían precipitados al profundo del mar. Por lo que dijeron los egipcios: huyamos de Israel, pues el Señor pelea con él contra nosotros. Entonces dijo el Señor a Moisés: Extiende tu mano sobre el mar, para que se reúnan las aguas sobre los egipcios, sobre sus carros y caballos. Luego que Moisés extendió la mano sobre el mar, se volvió éste a su sitio al rayar el alba; y huyendo, los egipcios, las aguas se sobrecogieron y el Señor los envolvió en medio de las olas. Así las aguas, vueltas a su curso, sumergieron los carros y caballería de todo el ejército de Faraón que había entrado en el mar en seguimiento de Israel: ni uno siquiera se salvó". Por supuesto, en este punto retornan los interrogantes y tal vez el más importante de ellos sea: si el faraón, la totalidad de su ejército y todos sus caballos y carros perecieron ahogados: ¿quién permaneció en la corte para ocupar el trono vacante y defender el país de los enemigos que, al enterarse de lo sucedido, no habrían tardado en abalanzarse sobre tan poderoso imperio? Por otro lado: ¿por qué razón en las crónicas de la época no puede encontrarse noticia de un suceso tan extraordinario como el retiro de las aguas del mar Rojo? ¿Por qué tampoco ninguna crónica (ni siquiera una menos fiable tradición o leyenda oral) da cuenta de una corte sin faraón, de un país sin ejército, como supuestamente quedó Egipto en su momento? Por supuesto, la respuesta sólo puede ser una: porque el tan histórico y verídico Éxodo nunca existió y solamente fue un relato hábilmente pergeñado para instalar una capa patriarcal tal como lo vimos y lo iremos viendo y comprobando repetidas veces a lo largo de este volumen.

Los ¿Diez? Mandamientos

Dios anuncia verbalmente los Diez Mandamientos al pueblo de Israel y, posteriormente, son escritos sobre unas losas de piedra, las tan mentadas "Tablas de la Ley", lo cual llama poderosamente la atención a cualquier lector atento que recuerde lo que antes había proclamado Moisés: "Nadie recurrirá a las herramientas para trabajar la piedra, porque será profanada".

Moisés va al monte Sinaí para agenciarse de las

Tablas y bajarlas a su gente pero, cuando el líder del pueblo hebreo regresa junto a su pueblo, tiene lugar la historia del becerro de oro ¿Qué es lo que sucedió? Mientras Moisés estaba ausente, flaquearon las convicciones de parte del pueblo elegido y algunos inconformes le solicitaron a Aarón que los ayudase a fabricar una figura que pudiera guiarlos espiritualmente. Aarón accede, funde el oro que poseían y fabrica con él la figura de un magnífico becerro, que todos se maravillan al ver y no tardan demasiado en adorar. Al llegar Moisés al lugar y contemplar el espectáculo de ver a los hebreos adorando un ídolo, se enfurece y rompe las sagradas y divinas tablas, que estallan en pedazos; luego, destroza el becerro de oro. Regresa al monte y obtiene un nuevo par de Tablas de la Ley. Nuevamente, las entrega al pueblo, colocándolas en el Arca de la Alianza para salvaguardarlas (de sí mismo, podría pensar uno, en caso de que le agarrara una nueva rabieta que le hiciera romper algo tan sagrado como las leyes por Dios a él reveladas).

Sin embargo, el decálogo que obtiene en su segunda excursión al monte es sensible y sustancialmente distinto al conseguido en el primer viaje.

La versión primera y más conocida de los Diez Mandamientos es la siguiente:

"No tendrás otros dioses delante de mí. No harás para ti imagen de escultura ni figura alguna de las cosas que hay arriba en el cielo ni abajo en la tierra ni de las que hay en las aguas debajo de la tierra. No las adorarás ni rendirás culto. Yo soy el Señor Dios tuyo, el fuerte, el celoso, que castigo la maldad de los padres en los hijos hasta la tercera y cuarta generación de aquellos, digo, que me aborrecen y que uso de misericordia hasta millares de generaciones con los que me aman y guardan mis mandamientos. No tomarás en vano el nombre del Señor tu Dios: porque no dejará sin castigo el Señor al que tomare en vano su nombre. Acuérdate de santificar el día sábado. Los seis días trabajarás y harás todas tus labores. Más, el día séptimo es sábado o fiesta del Señor Dios tuyo. Ningún trabajo harás en él, ni tú, ni tu hijo, ni tu hija, ni tu criado, ni tu criada, ni tus bestias de carga, ni el extranjero que habita dentro de tus puertas o poblaciones. Por cuanto el Señor en seis días hizo el cielo y el mar y todas las cosas que hay en ellos y descansó el día séptimo: por ello bendijo el Señor el día sábado y le santificó. Honra a tu padre y a tu madre, para que vivas largos años sobre la tierra que te ha de dar el Señor Dios tuyo. No matarás. No fornicarás. No hurtarás. No levantarás falso testimonio contra tu prójimo. No codiciarás la casa de tu prójimo, ni desearás a su mujer, ni esclava, ni esclavo, ni buey, ni asno, ni cosa alguna que le pertenezca".

Los segundos Diez Mandamientos son los siguientes: "Guárdate de contraer jamás amistad con los habitantes de aquella tierra, lo que ocasionaría tu ruina. Antes bien, destruye sus altares, rompe sus estatuas y arrasa los bosquetes consagrados a sus ídolos. No quieras adorar a ningún Dios extranjero. El Señor tiene por nombre Celoso. Dios quiere ser amado El sólo. No hagas liga con los habitantes de aquellos países; no sea que después de haberse corrompido con sus dioses y adorado sus estatuas o simulacros, alguno te convide a comer de las cosas sacrificadas. Ni desposarás a tus hijos con las hijas de ellos; no suceda que después de haber idolatrado ellas, induzcan también a tus hijos a corromperse con la idolatría. No te formes dioses de fundición. Guardarás la fiesta de los ázimos. Por siete días comerás pan ázimo, como te tengo mandado, en el tiempo del mes de los nuevos frutos; porque en el mes de la primavera fue cuando saliste de Egipto. Todos los primeros nacidos, que fueren del sexo masculino, serán míos; de todos los animales, tanto de vacas como de ovejas, el primerizo será mío. El primerizo del asno le rescatarás con una oveja; en caso de que dieres el rescate, será muerto. Los primogénitos de tus hijos, los redimirás; ni comparecerás en mi presencia con las manos vacías. Seis días trabajarás; el día séptimo ni ararás ni segarás. Celebrarás la fiesta de Pentecostés con las primicias de tus mieses de trigo; y otra fiesta cuando, a fin de año, se recojan todos los frutos. En tres tiempos del año se presentarán todos tus varones delante del Omnipotente Señor Dios de Israel. Porque cuando yo hubiere arrojado de tu presencia aquellas naciones y ensanchado tus términos, nadie pensará en invadir tu país, en el tiempo que tú subirás a presentarte al Señor Dios tuyo tres veces al año. No ofrecerás con levadura la sangre de mi víctima; ni de la víctima solemne de la Pascua quedará nada para la mañana siguiente. Ofrecerás las primicias de los frutos de tu tierra en la casa del Señor, tu Dios. No cocerás el cabrito en la leche de su madre."

Como se podrá apreciar, se trata de preceptos bastantes disímiles.

Pero existen otras contradicciones al respecto: en las dos series de mandamientos que acabamos de detallar (ambas pertenecen al *Éxodo*) Moisés lleva las tablas a su pueblo durante los primeros meses, mientras se encontraban acampando al lado del monte Sinaí. Pero... en el *Deuteronomio* (donde hay otra serie de mandamientos) Moisés les entrega las tablas cuarenta años más tarde, en los aledaños del monte Horeb, a la entrada de la Tierra Prometida. ¿Es que hay una tercera versión de los Diez Mandamientos? Sí, la que aparece, tal como acabamos de mencionarlo en el *Deuteronomio*. Sin embargo, esta tercera versión no presenta diferencias sustanciales con la primera y más conocida. Estas dos series de mandamientos son prácticamente idénticas a excepción de dos diferencias.

Una de ellas es respecto a guardar el sábado. Mientras que la versión del *Éxodo* dice que el propósito del descanso sabatino es recordar a Israel que Dios descansó el séptimo día de la creación, el *Deuteronomio* dice que el objetivo es recordarle a Israel que Dios liberó a los hebreos de la esclavitud en Egipto. Allí puede leerse: "Seís días trabajarás y harás todos los quehaceres; el séptimo día, esto es, de descanso del Señor Dios tuyo, no harás en él ningún género de trabajo, ni tú, ni tu hijo, ni la hija, ni el esclavo, ni la esclava, ni el buey, ni el asno, ni alguno de tus jumentos, ni el extranjero que se alberga dentro de tus puertas: para que, como tú, descansen también tu siervo y tu sierva. *Acuérdate que tú también fuiste siervo en Egipto y que de allí te sacó Dios el Señor tuyo con mano poderos y brazo levantado. Por eso, te he mandado que guardases el día sábado.*"

Otra distinción entre los preceptos del *Éxodo* y los del *Deuteronomio* aparece en el último mandamiento sobre desear la propiedad del prójimo. En la primera versión, la mujer del prójimo (tal como puede leerse más arriba) se considera como parte de la propiedad de la casa del varón. En el *Deuteronomio*, la mujer está separada del resto de la casa y colocada en primer lugar. Allí puede leerse: "No desearás a la mujer de tu prójimo, ni desearás su casa, ni su campo, ni su siervo, ni su sierva, ni su buey, ni su asno, ni nada de cuanto a tu prójimo le pertenece".

Hasta ahora, tres versiones de los *Diez Mandamientos*. ¿Hay más? La respuesta es afirmativa: hay una cuarta versión conocida como las *Leyes*, que comprende tanto la versión ritual (segunda) como la tradicional (primera y tercera), a lo que se le agrega obligaciones legales y de ahí su denominación.

¿Cómo pudo Dios revelar un decálogo de diez leyes básicas de dos maneras distintas y tan diferentes, teniendo en cuenta una forma básica (primera y tercera versión) y otra tan distinta como lo es la segunda? Si el *Éxodo* y el *Deuteronomio* forman parte del *Pentateuco* y, por lo tanto, fueron escritos por Moisés ¿por qué diría el líder hebreo que fueron tan disímiles los mandamientos que le transmitió Dios? La respuesta es, nuevamente, la hipótesis documental: ambas series de mandamientos se originan en distintas fuentes.

La segunda versión, que difiere radicalmente de las otras dos, es visiblemente más del orden de lo ritual y menos del orden de lo moral. Y por eso, se estima que es más antigua. En la mayor parte de las civilizaciones, pueblos y comunidades lo ritual precede a lo moral. Primero se instauran una serie de ceremonias o rituales que tienen como objetivo hacer que esa comunidad sobreviva y tenga contacto con la divinidad. La idea de moral, de ética es posterior, cuando es necesario sentar preceptos que faciliten la convivencia. Por esa razón, las versiones primera y tercera, serían posteriores a la segunda. La versión de las Leyes, se supone la última en tanto y en cuanto, agrega obligaciones legales a los mandamientos.

Pero hay otra cuestión: ¿Fueron, tal como dice la *Biblia* revelación directa de Jehová a Moisés? Es muy dudoso. Leyes morales como las que contienen los Diez

Mandamientos pueden encontrarse en otras civilizaciones anteriores. Nuevamente, aparece aquí el tema de hacer pasar por palabra de Dios aquello que no es, sino, reciclamiento y puesta a punto de otras tradiciones. Los textos sagrados de la India, por ejemplo, son ricos en normas de conducta muy similares a aquellas que los Diez Mandamientos presentan como algo nuevo, único y revelado por la divinidad. De manera similar, en el Antiguo Egipto eran de obligado cumplimiento determinados preceptos (las prohibiciones de robar, matar y comportarse de forma injusta) para entrar en el templo de Osiris, diosa y sacerdotisa de los muertos. El *Código de Hammurabi,* tablilla babilónica donde se encuentran grabadas 282 leyes o preceptos que el rey del mismo nombre recibió de manos del dios Shamash, también tiene muchas similitudes con los mandamientos bíblicos. Este conjunto de leyes unifica los diferentes códigos existentes en las ciudades del imperio babilónico y pretende establecer leyes aplicables en todos los casos, e impedir así que cada uno "tomara la justicia por su mano". Allí se habla del respeto que se le debía a los dioses y a los padres y se recomienda, entre otros preceptos, no privar a nadie de la vida así como tampoco despojar al prójimo de sus pertenencias. Además, al igual que en la historia del *Antiguo Testamento,* se encuentra presente la idea de que el gobernante recibió la ley de las manos de Dios, lo cual no es de extrañar, ya que en las civilizaciones de esa época se suponía que eran los dioses quienes dictaban las leyes a los hombres y, por lo tanto, eran sagradas.

Capítulo 7

La verdadera
vida de Moisés

Ya conocemos a Moisés. En capítulos precedentes lo vimos abriendo las aguas del mar Rojo para que los hebreos pudieran huir de Egipto y recibiendo la ley por parte de Jehová. Pero... ¿quién era, en verdad, el líder del pueblo elegido?

La historia oficial

Moisés, profeta y legislador hebreo, es el fundador de Israel o del pueblo judío. La historia de su vida se relata sobre todo en los libros *Éxodo* y *Deuteronomio* del *Antiguo Testamento*. Según estos relatos, nació en Gosén, región del antiguo Egipto. A la sazón, los judíos residentes en ese país se hallaban esclavizados por el faraón. Poco antes del nacimiento de Moisés, el monarca había ordenado dar muerte a todos los varones hebreos recién nacidos. Por eso, para salvar a su hijo, la madre de Moisés lo colocó en una cesta de papiro que echó al Nilo, episodio que fue observado por su hermana Miriam. El niño fue rescatado por la hija del faraón, que lo crió como si fuera suyo. Ya adulto, Moisés mató a un egipcio que, a su vez, había asesinado a un hebreo, por lo que hubo de huir de Egipto. En el exilio, Moisés fue pastor toda su vida. A los 80 años, se cuenta que Yahvé, el dios de los hebreos, se le apareció en una zarza ardiente y le ordenó volver a Egipto y salvar a su pueblo de la esclavitud. Una vez hecho esto, debía guiarlos hacia la tierra de Canaán, más tarde denominada Palestina, donde se instalarían de forma permanente. Moisés, junto a su hermano Aarón, se presentó ante el faraón pero, a pesar de los milagros realizados el faraón se negó a liberar al pueblo hebreo. Al final, aceptó que Moisés condujera a los hebreos fuera de Egipto, camino de Canaán. Al aproximarse al Mar Rojo, un ejército egipcio enviado por el faraón se les aproximó. Se dice que Moisés extendió su brazo, dividiendo el mar y formando murallas de agua a derecha e izquierda. Los hebreos cruzaron el tramo, pero cuando los egipcios intentaron seguirles, las murallas de agua cayeron sobre ellos y los ahogaron. Al llegar al pie del monte Sinaí, en la península homónima, Moisés subió a la cima y luego de cuarenta días y cuarenat noches recibió dos tablas de piedra en las que estaban escritos los Diez Mandamientos que, a partir de entonces, constituyeron las leyes fundamentales de los hebreos. Tras cuarenta años de travesía del desierto, bajo la dirección de Moisés, período signado por diversas tribulaciones como terremotos, plagas, incendios, sequías y guerras con los pueblos nativos de Palestina, los hebreos llegaron al fin a Canaán. Yahvé permitió a Moisés divisar la Tierra Prometida, desde la cima del monte Nebó (hoy Jordania), y después de esta visión murió.

Comenzando a develar la verdad no oficial

Ya vimos al principio de este libro que durante siglos se le atribuyó falsamente a Moisés la autoría del *Pentateuco*, o sea, esa parte de la *Biblia* constituida por *Génesis, Éxodo, Levítico, Números y Deuteronomio*. Con el transcurso del tiempo y, por supuesto, con eruditos y estudiosos dispuestos a sacar a luz algo de verdad en medio de tanto simulacro, se llegó a la conclusión de que los denominados *Libros de Moisés* son, en realidad, una suerte de mosaico textual donde muchos escribas pertenecientes a cuatro escuelas distintas han dejado su sello. Dicho sin metáforas, ambiguedades ni eufemismos: lo que durante mucho tiempo se quiso hacer pasar como los *Libros de Moisés* era una compilación de textos escritos por muchísimos autores.

Pero lo que podríamos denominar "la cuestión Moisés" no termina allí. Hay mucho más que ha sido ocultado, deformado, encubierto y disfrazado. Concretamente: su propia vida e identidad.

¿Humilde pastor o poderoso sacerdote egipcio?

Sabemos que fue Moisés el encargado de guiar al pueblo hebreo hacia el sendero de la corrección. Antes de su aparición en escena, los hebreos adoraban a varios dioses y sentían una enorme afición por encantamientos y brujos en general. El que sería el guía del pueblo elegido y, en cierta medida, "promotor" de la nueva religión prohibió enérgicamente todo ello, al grado de ordenar la muerte a quienes insistieran en esas prácticas abominables. También enseñó a aborrecer el culto a los dioses con cabeza de animal y a odiar la carne de cerdo. La circunsción fue otra de las costumbres impuestas. La pregunta que se impone es: ¿cómo pudo este hombre enseñar al pueblo hebreo tantas cosas positivas e imponerle tantas prohibiciones? Vayamos a la busca de respuestas.

En su famosa obra sobre Moisés y el monoteísmo, el creador del psicoanálisis, Sigmund Freud sostiene la hipótesis de que todas las capacidades de las que hacía gala Moisés habían sido aprendidas en Egipto. Hábitos como aquellos y formas de ser tan marcadas y especiales no se adquieren improvisadamente de un día para el otro. El que sería el líder del pueblo hebreo debió necesariamente conocer en algún sitio todo lo que sabía, para luego, poder imponérselo a aquella gente primitiva. Y ese lugar no pudo ser otro que la corte del faraón, donde seguramente ocupó un cargo relevante, ya sea en la esfera política (corte), militar (ejército) o en la religiosa (templo), ya que solamente los nobles, los militares y los miembros del clero poseían el privilegio de acceder a una serie de conocimiento especiales que los colocaban muy por encima de la plebe.

Para dar a conocer la religión de un solo dios (monoteísmo) y esforzarse por enseñar a los Hijos de Israel determinadas prácticas e ideas debió haberlas adquirido en algún sitio y la corte egipcia era el lugar indicado. Y no es Sigmund Freud el único que sostiene eso: el historiador Flavio Josefo argumenta que Moisés, antes de ser el conductor del pueblo elegido, debió haber sido un sacerdote al tiempo que un militar, ya que sólo un miembro del ejército o del clero (y, por lo tanto, acostumbrado a dar órdenes y a ser obedecido) pudo ponerse el frente de tan nutrido grupo de personas que, por otra parte, carecían de la educación más elemental.

Por supuesto, de haber sido un sacerdote egipcio, sería lógico suponer que adoptase a Atón como divinidad. Y fue precisamente ese nombre el que se conservó con ligeros cambios para convertirse en el Adonai abstracto presente en la liturgia judía. Se trataba de un nombre que no debía ser pronunciado en voz alta, igual que otro que se impondría tiempo después para designar a la deidad de los hebreos: Yahvé, denominación que luego daría paso a Jehová, debido a las numerosas traducciones y transcripciones.

Por lo tanto, el hombre que se autodesignó como conductor de aquellos primitivos individuos no tenía el menor nexo con ellos... pero sí, poderosos motivos para salir huyendo de Egipto. ¿Cuáles eran estos? Como consecuencia de un cambio político, los sacerdotes de Atón pasaron a formar parte de lo que hoy se conoce como "lista negra" o sea, una nómina de sujetos indeseados por el estrato de poder, indeseabilidad que podía acarrear la inhabilitación para ejercer sus funciones, el destierro o, de manera más directa, la muerte. Moisés no quiso vivir en el nuevo orden social reinante y huyó de Egipto.

El nombre del líder del pueblo hebreo

En relación al nombre de Moisés, en la *Biblia* se lee: "Cuando fue grande se lo llevó a la hija del faraón y fue para ella como un hijo. Le dio el nombre de Moisés, pues se dijo: De las aguas te saqué". O sea: en las *Sagradas Escrituras* atribuyen al nombre Moisés el significado "sacado de la aguas" en hebreo. Sin embargo, la verdad es muy otra. En realidad, el nombre Moisés proviene de la palabra egipcia *msy* que significa "ha nacido".

Expliquemos en detalle la cuestión: cuando la princesa egipcia adopta al niño que se encuentra en la cesta, le pone el nombre de Moisés porque: "de las aguas te saqué". En hebreo, el nombre Moisés se pronuncia mosheh. La explicación que ofrece la *Biblia* para el origen de este nombre da por sentado que la princesa le puso al niño un nombre hebreo derivado de la palabra, del mismo origen, mashah, que significa "sacar".

La explicación para el nombre de Moisés plantea una serie de inconvenientes. El primero de ellos es que *mosheh* y *mashah* son dos palabras distintas. El segundo es que, desde el punto de vista gramatical, mashah significa "sacar", no "te saqué". Y, el tercero, es que carece de todo fundamento pensar que la princesa egipcia le ponga al niño un nombre hebreo, en tanto y en cuanto, el rey había ordenado matar a todos los niños de ese origen. Por lo tanto, llamar la atención sobre la procedencia del niño sería lo último que haría la princesa si tenía la intención de conservarlo con vida y de criarlo en el palacio real. El nombre Moisés viene, en realidad, de la palabra egipcia *msy*, que significa "ha nacido"; los griegos transcribieron el elemento *msy* como "mosis" y éste se convirtió en Moisés

Capítulo 8

Dos superhéroes bíblicos que no son tales

Sansón (en sus múltiples y hercúleas victorias) y David (especialmente, venciendo al gigante Goliath) son los dos grandes superhéroes del *Antiguo Testamento*. Pero... ¿Qué hay de cierto en ello?

De cómo Sansón era Heracles

El último acto de Sansón fue el de derribar el templo de los filisteos y, con ello, matar unos tres mil individuos que habían acudido allí a una ceremonia en honor al dios Dagón. Pero vayamos brevemente a la historia de este personaje, tal como la relata la *Biblia*: al principio de la narración, antes del nacimiento de Sansón, Israel lleva cuarenta años dominado por los filisteos. De manera similar a la Virgen María con el nacimiento de Cristo, la madre de Sansón recibe una anunciación: un ángel se le aparece y le comunica que concebirá un hijo que "será el que librará a Israel de manos de los filisteos". Y, de esa manera, llega al mundo Sansón. En el transcurso de la narración, el hombre realiza muchos actos de una fuerza sobrehumana: asesina él solo a treinta filisteos a fin de quitarles las túnicas, arrastra durante sesenta kilómetros la puerta de una ciudad filistea, mata a un león con sus propias manos y asesina mil filisteos con una quijada de asno. A causa de todo ello, suele caracterizarse a Sansón como el "Heracles hebreo" (Heracles es la correspondencia griega del romano Hércules), en base a las similitudes con relación a la fuerza y a los trabajos hercúleos. Pero no se trata solamente de eso, de una comparación realizada en base a similaridades de fuerza física: Sansón es, realmente, el Heracles griego llevado a Canaán por los Pueblos del Mar. Sansón nace en la tribu de Dan que es originaria de los Pueblos del Mar, más específicamente los dnin, que se establecieron en la costa cananea junto a los filisteos, y esto explica la presencia constante del héroe hebreo entre los filisteos. Los dnin se corresponden con los danois griegos, el nombre homérico de los griegos de Micenas, y el héroe micénico más famoso era Heracles. O sea, que Sansón no era otro que el Heracles griego devenido hebreo. Pero había más elementos de otras culturas en la configuración del mito: el nombre de Sansón tiene un significado aproximado a: "semejante al sol", "pequeño sol" u "hombre sol" y su largo cabello, a modo de melena de león, y sus crines al viento simbolizan los rayos del sol; y en el Cercano Oriente, especialmente en Egipto, el león simboliza el poder de sol.

La traición de Dalila, la famosa historia de Sansón y Dalila es, sin duda, el episodio más importante y famoso del mito del héroe. En él, la protagonista, consigue arrancarle el secreto de que su fuerza residía en sus largos cabellos y se los corta mientras duerme para que los filisteos puedan capturarlo, cosa que efectivamente sucede. El nombre de Dalila está relacionado con la palabra hebrea *layla* que significa "noche", lo que convierte la historia de Sansón y Dalila en una metáfora de la batalla entre el día y la noche, lo solar y lo lunar, las tinieblas y la luz, todas ellas facetas fundamentales de la teología egipcia. Por eso, el corte de cabello alude a la victoria temporal de la noche sobre el día, mientras que cuando los cabellos recuperan su longitud, el sol derrota y destruye a su vez las fuerzas de la noche. Heracles también representa un simbolismo solar: de hecho en una de sus hazañas, mata a un león y se coloca la cabeza del animal a modo de casco, imagen que se hace popular en el arte griego. Sansón también mató un león con sus propias manos pero no llevó su cabeza a modo de casco ¿La razón? Un icono solar tan directo hubiera resultado ofensivo para los ya monoteístas hebreos. Los escribas bíblicos sustituyeron el casco de cabeza de león por la propia y leonina cabellera de Sansón y declararon que su crecimiento era orden de Dios.

En suma: Sansón era una mezcla de mitos griegos y egipcios adaptados a la religión hebrea

David no mató a Goliat

La historia de cómo David, un joven armado tan solo con una honda y un puñado de piedras, derrotó al gigante (y bien armado) guerrero filisteo Goliat es uno de los relatos bíblicos más famosos. Vayamos a él: "Y el filisteo (es decir, Goliat) se fue acercando a David: y el hombre que portaba su escudo iba delante de él. Y cuando el filisteo miró y vio a David, lo despre-

ció, pues era muy joven, de rostro blondo y bello. Y
dijo el filisteo a David: ¿Acaso crees que un perro, que
vienes contra mí con un cayado?" Y el filisteo maldijo
a David por sus dioses. Y dijo el filisteo a David: "Ven
a mí, y daré tu carne a los pájaros del aire y a las bestias del campo. Dijo entonces David al filisteo: Tu vienes a mí con la espada, la lanza y el escudo, pero yo
voy a ti en nombre del Señor de los ejércitos, el Dios
de las huestes de Israel, a quien tú has desafiado. En
el día de hoy, el Señor te entregará en mis manos; y
yo te heriré y te arrancaré la cabeza; y daré los cadá-
veres de la hueste de los filisteos a las aves del cielo
y a las bestias de la tierra; y que sepa toda la tierra que
hay un Dios en Israel. Y toda esta asamblea sabrá que
el Señor no salva por la espada ni por la lanza; pues
la batalla es del Señor; y él nos la entregará en nues-
tras manos. Y sucedió que cuando el filisteo se levantó y se acercó a David, éste se echó a correr hacia el
ejército para encontrar al filisteo.Y David metió la mano en el zurrón, y cogió una piedra y la lanzó con la
honda e hirió al filisteo en la frente, de modo que la
piedra se hundió en su frente; y cayó de bruces a tierra. Así,pues, David venció al filisteo y lo mató; pero
no había espada alguna en la mano de David. Así que
corrió y se detuvo frente al filisteo, y tomó su espada,
y la sacó de la vaina, y lo mató y le cortó la cabeza. Y
cuando los filisteos vieron que su campeón había
muerto, huyeron".

Así de espectacular. Sin embargo... David no mató a Goliat y, de hecho, tampoco era joven cuando éste murió. Vayamos a la explicación y fundamentación
de esta temeraria afirmación: en la traducción de la
Biblia del rey Jacobo (Samuel) puede leerse: "Y hubo
otra batalla en Gob con los filisteos, en la que Elija-

nán, hijo de Jarí, mató al hermano de Goliat, cuya lanza era como un enjulio de tejedor". A pesar de que esta traducción nos anoticia de que Elijanán mató al hermano de Goliat, la expresión "el hermano de" no aparece en el texto hebreo. En realidad, el pasaje en cuestión hace referencia a que Elijanán mató a Goliat y no a su hermano. ¿A qué se debe esta adición, esta suerte de "travesura"de los traductores bíblicos? A dos motivos. En primer lugar, los traductores no querían contradecir el relato anterior que mencionaba a David como vencedor, especialmente por la vinculación de este personaje a Cristo en la tradición cristiana. Básicamente, la certificación de que Jesús es el esperado mesías proviene, en buena medida, de su supuesta descendencia de David. En segundo lugar el autor de las *Crónicas* (escritas siglos después que Samuel y enfrentado a la misma contradicción) escribió. "Elijanán, el hijo de Jari mató a Lajmi, el hermano de Goliat de Gat, cuya lanza era como un enjulio de tejedor". Varias claves indican que, escribas posteriores, le otorgaron el crédito de la hazaña a David por sobre Elijanán.

Después de matar a Goliat, el texto nos dice que David llevó la cabeza a Jerusalén; sin embargo, durante el reinado de Saúl, Jerusalén estaba en manos de los jebuseos y, según la misma *Biblia*, la ciudad no pasó a poder de Israel hasta que David llegó a ser rey, lo cual sugiere que en el relato original David ya era rey cuando Goliat murió y, de ninguna manera, un joven. Así lo relata, justamente, la versión que atribuye a Elijanán la muerte de Goliat. En esa narración, David ya es rey y Elijanán es parte del denominado *Los Treinta,* grupo de guerreros de elite. Además si, efectivamente, David hubiera matado a Goliat, Saúl hubiera sabido quién era, pues David ya era un favorito de su corte. Sin embargo, en el relato bíblico que le atribuye la hazaña a David, cuando éste se presenta frente al rey Saúl, éste no deja de preguntarse de quién se trata. Primero interroga a Abner (general del ejército) diciéndole. "¿De quién es hijo aquel mancebo?" Luego le pregunta, directamente a David: "¿de quién eres hijo?"

En su principio, el asesinato de Goliat formaba parte de una serie de relatos en la que los héroes mataban gigantes y el olvidado Elijanán era uno de ellos, al igual que sus compañeros de Los Treinta. Sin embargo, al devenir David en el héroe máximo de la corte de Judá fue necesario añadirle una suerte de hazaña mayor. Y allí apareció entonces, venciendo al gigante Goliat. Y dejando en el olvido al pobre de Elijanán.

Capítulo 9

Satanás: el malo de la película

Diablo, Demonio, Belcebú, Asmodeo, Lucifer, Luzbel, Satanás: diversos nombres para un mismo villano, aunque no tanto, como podremos comprobar en breve. Pero... ¿por qué tantas y tan variadas denominaciones? En principio, se trata de nombres que coinciden, en buena medida, con el de algunos dioses y personajes de Fenicia y Babilonia, muy odiados por los judíos de antaño, especialmente a partir de su cautiverio. Pero, más allá de esta consideración de índole general, internémosnos en lo que implica y connota cada uno de estos nombres.

+ En la tradición judeo cristiana la palabra *Diablo*, alude a cada uno de los ángeles rebelados contra Dios y arrojados por Él al abismo. Cuando se habla de "el" Diablo, se hace referencia al príncipe de esos ángeles que representa el espíritu del Mal. ¿Cuál es el origen de este vocablo? *Diablo* deriva del griego *Diabolos* que significa "acusador" o "calumniador".

+ *Satanás* aparece con esta denominación en el *Evangelio según San Marcos*: "En seguida viene Satanás y quita la palabra que se sembró en sus corazones" así como en el *Evangelio según San Lucas*, donde se lee: "Vete de mí, Satanás, dijo Jesús, porque escrito está". La palabra *Satanás* es una adaptación española del vocablo hebreo *Satán*, que significa "adversario" o "enemigo".

+ Muchos estudiosos consideran que *Diablo* y *Satanás*, palabras comunes que significan "enemigo", "adversario" y "calumniador", no hacen referencia a un mismo personaje, sino a todo un grupo de figuras que incluye, entre otras a ángeles y enemigos de Salomón.

+ *Belcebú* no fue otro que *Bel Zebud* o "Señor de las moscas" o "Señor de las alimañas", dios oriental de segunda categoría cuya misión consistía en proteger a los filisteos de las molestias causadas por estos insectos. El término *Bel* era una variante de *Baal* o *Señor*, entre los fenicios y los babilonios. El *Antiguo Testamento* no hace ninguna mención a él y según el *Nuevo Testamento* (*Mateo*) es considerado el soberano del infierno y jefe de los demonios. Muchas fuentes advierten que, si bien se alude a él como príncipe de los demonios, no debe confundirse con Satanás.

+ *Lucifer* y *Luzbel* aludían al lucero del alba y la estrella vespertina y es un misterio para todos los estudiosos la causa por la cual los antiguos cristianos asociaron este Lucifer a Satanás al traducir el versículo 12 del capítulo XIV del libro de *Isaías*. En él, se pregunta el profeta por qué cayó del cielo el Lucero, hijo de la mañana, que debilitaba a las naciones. Y parece ser que la poética expresión de Isaías

sirvió más tarde a los Padres de la Iglesia, para asociar el Lucero del Alba con un ángel que se rebeló
contra el cielo. Sin embargo, parece ser que no
mencionaron a Lucifer ni como príncipe de las tinieblas ni a modo de pseudónimo de Satanás. En
realidad, una sóla vez es mencionado Lucifer en la
Biblia y es para designar a un rey babilonio a
quien, evidentemente, los judíos debían odiar a un
grado tal que no dudaron en identificarlo como
símbolo del Mal.

+ *Asmodeo* es, aparentemente, uno de los demonios
más poderosos. Tiene bajo su mando a setenta y
dos legiones infernales y se lo supone –según el libro de *Tobías*– inspirador de los placeres bajos y
carnales. Otras fuentes le atribuyen haber sido la
serpiente que tentó a Eva y, por lo tanto, se lo representa con cola de sierpe.

+ El término *Demonio*, por su parte, es de inequívoco
origen griego. En ese idioma *daemon* es el término
utilizado para aludir a las inteligencias paganas que
sugerían a los seres humanos la conducta a seguir.
En tanto y en cuanto eran de índole pagano, Mateo
interpretó que sólo podían aconsejar maldades.

Habiendo pasado lista a la nómina de nombres,
vayamos a la apariencia del diablo. Si bien hay distintas representaciones del príncipe de las tinieblas, un
elemento suele ser infaltable: el par de cuernos que
corona su cabeza. Si hay un signo que identifica a Satanás y a lo satánico es, sin duda alguna, la cornamenta. ¿De donde proviene? De divinidades y personajes
de otras tradiciones no judías y no cristianas –y, por lo
tanto, paganas– que poseían cuernos. Dioniso (dios
griego) y Baco, su equivalente romano, ambos deida-

des de las viñas, el vino, la fertilidad de la naturaleza, la vegetación y de todo lo relacionado con la humedad y los placeres, poseían cuerno así como Pan, que simbolizaba la libido y las fuerzas desencadenadas de la naturaleza. El buey Apis de los egipcios, que señalaba el fin del letargo invernal y el inicio de la primavera, también ostentaba una cornamenta. Como se puede apreciar, se trata de figuras que celebraban la vida y el sexo. Cuando el cristianismo triunfa, intenta de todas las maneras posibles vincular el paganismo, y su constante apología de los placeres sensuales, con la maldad y una de las formas de hacerlo es concederle a la personificación misma del mal (Satanás) un atributo característico de los dioses paganos más lúbricos: los cuernos.

por favor!

Capítulo 10

Los
Evangelios
Apócrifos

Los Evangelios oficiales o canónicos conocidos por todos (o sea, la serie de textos y documentos que hoy se conoce con el nombre *de Antiguo y Nuevo Testamento*) son, en realidad, una muy seleccionada cantidad de material de todo el disponible para conformar lo que se considera un libro santo, una recopilación de palabras sagradas, la "palabra de Vida" de Dios.

Había varias maneras posibles de "armar" la *Biblia*. Se eligió una de ellas, la más conveniente al poder y todos los materiales restantes fueron censurados y silenciados. Esos textos dejados de lado son los denominados *Evangelios Apócrifos*. Digámoslo claramente y sin ambiguedades:

Los Evangelios Apócrifos dan cuenta de una tradición alternativa posteriormente suprimida para lograr la hegemonía de determinados sectores de poder.

A continuación, un breve historia de aquello que se ha ocultado y las causas por las que se ha llevado a cabo tal ocultamiento.

¿Qué se ha ocultado?

Los textos que se han venido ocultando sistemáticamente a lo largo de los milenios, reciben el nombre de *Evangelios Apócrifos.* Se conoce con esta denominación a una serie de textos diversos. Los Rollos del Mar Muerto y los papiros de Nag Hammadi son los principales, aunque vale destacar que no son los únicos.

¿Qué es lo que tienen todos ellos en común? Básicamente, el dar cuenta del denominado cristianismo primitivo o protocristianismo, así como también ofrecen versiones alternativas de lo que aparece en los evangelios oficiales y canónicos, lo que comúnmente conocemos como la *Biblia.*

Evangelios canónicos vs. Evangelios apócrifos

• *Canon,* literalmente significa "regla". Se conoce con la denominación Evangelios canónicos al conjunto de los libros, tanto del *Antiguo* como del *Nuevo Testamento,* considerados como "inspirados" o "sagrados". Para la iglesia Cristiana, en el *Antiguo Testamento* se aceptan los mismos libros que el judaísmo reconoció como válidos. El *Nuevo Testamento* es reconocido por la iglesia cristiana desde el siglo II y se considera a los libros que lo conforman derivados de la autoridad apostólica y, por lo tanto, "inspirados".

• *Apócrifo,* significa literalmente "escondido". En el siglo II ya algunos Padres de la Iglesia usaban este término como sinónimo de "falso" o "falsificado". En las ciencia bíblicas se usa para designar a la literatura relacionada al Antiguo o al Nuevo Testamento que no ha sido aceptada por la iglesia cristiana como "inspirada" por Dios.

Los rollos del mar Muerto

También conocidos como "papiros de Qumram" (ya que fueron encontrados a partir de 1947 en unas cuevas de la actual Jordania, en el extremo noroccidental del mar Muerto, en la región de Qirbet Qumran), se trata de una colección de, aproximadamente, 600 escritos en hebreo y arameo.

Los estudiosos los han atribuido a una comunidad judía primitiva, los esenios (ver recuadro), y se supone que estos valiosos papiros conformaban la biblioteca de dicha comunidad. Pruebas paleográficas han determinado que fueron escritos entre el 200 a.C. y el 100 d.C y es por ello que, aún después de permanecer veinte siglos en un lugar seco y sin bacterias nocivas, no han llegado en su totalidad sino de manera fragmentada.

Los rollos del Mar Muerto son textos de un fuerte carácter religioso y, luego de su pormenorizado estudio, los eruditos llegaron a la conclusión de que los textos contenían un adelanto de lo que sería más tarde la doctrina de Jesús: llegada inminente del fin de los tiempos, desprendimiento material del individuo (indispensable para su salvación), respeto absoluto a la ley de Moisés y necesidad de expresar la fe a través de obras y no de rituales y ceremonias.

Los Rollos del mar Muerto incluyen:

+ El *serek ha-Yahed* o *Regla de la Comunidad*, escritos donde se recogen desde un ritual de entradas y una suerte de código penal interno, hasta apartados doctrinales.

+ El *serek ha-Yedat* o *Regla de la Congregación*, anexo del anterior, pero de contenido esencialmente escatológico, donde se describe la vida y el banquete de la comunidad en la Edad Final.

+ El *serek ha-Milhama*, también conocido como *Regla de Guerra* o *Batalla de los Hijos de la Luz contra los Hijos de las Tinieblas.*
+ El *Documento de Damasco*, texto de importancia trascendental para analizar la relación del esenismo y el cristianismo.
+ Los *Seudoepígrafes*, escritos proféticos que la tradición atribuye a los patriarcas bíblicos.
+ Textos bíblicos anteriores a la unificación del texto masotérico, efectuada por los rabinos a finales del siglo I y comienzos del II de nuestra era.
+ Manuales de disciplina.
+ Himnos apocalípticos.
+ Comentarios bíblicos
+ Dos copias, casi intactas, de las más antiguas conocidas del libro de Isaías
+ Fragmentos del Antiguo *Testamento*, que incluye una fantástica paráfrasis del *Génesis*.

Los esenios

De entre todas las sectas precristianas, se considera que los esenios constituyen la fuente del catolicismo actual. Los Rollos del mar Muerto revelan claramente la existencia de la vida, tanto social como psicológica, de la comunidad esenia de Qumram que, según todos los testimonios, fue la escuela teológica y moral de Jesús.

A ciencia cierta, no se sabe con exactitud cuando surgió la comunidad de Qumram. Los esenios se asentaron en la llamada *Ciudad de Sal*, terreno inhóspito en el desierto de Judá, junto al mar Muerto, no muy lejos del lugar por el que los judíos del éxodo regresaron de Egipto. Sí puede afirmarse que dicha comunidad desapareció hacia el año 70 d.C., fecha de la destrucción de Jerusalén y sus alrededores a manos de las tropas romanas. Se trataba de una sociedad judía ermitaña y rebelde que vivía en cuevas, cabañas y carpas alrededor de un complejo de edificios comunales, con la esperanza del descenso de Dios sobre la Tierra para instaurar en ella el Reino de Justicia. Asimismo, esta comunidad cultivaba la tierra, practicaba la comunidad de bienes y la caridad y sentían repugnancia ante la riqueza y la violencia.

La sociedad fue organizada por un personaje del que apenas se tienen datos, llamado "Maestro de Justicia", "Maestro de Rectitud" o "Maestro de Perfección". Justamente, los rollos del mar Muerto hablan de este "Maestro de la Perfección": se dice que predicaba el amor a Dios y a nuestros semejantes, la práctica de la pureza, la vida común fraternal y la esperanza en la resurrección de los justos. La *Regla de la Comunidad* habla de doce hombres y de tres sacerdotes portadores de la verdad; también hace referencia a que esos hombres formaban la mesa para comer y beber el vino que el sacerdote bendecía.

Guerra en torno a los Rollos del mar Muerto

A partir del momento mismo en que fueron descubiertos estos manuscritos esenios se desencadenó una verdadera guerra, de índole tanto política, como académica y policíaca. La pregunta obligada es, por supuesto: ¿qué era lo que contenían estos Rollos para desatar tamañas batallas?, ¿qué escondían y que develaban? Vayamos a la historia.

143

En el año 1947 (cuando los rollos fueron encontrados) Palestina se encontraba bajo mandato británico, por lo que los papiros tuvieron su primer destino al ser depositados en la American School de Jerusalen, cuando era todavía Palestina. Ésta última tardó algún tiempo en ser repartida entre el recientemente creado Estado de Israel y el reino de Jordania bajo la jurisdicción jordana, por lo que buena parte de los textos fueron convenientemente trasladados al Museo Arqueológico de Palestina, conocido a partir de entonces como Museo Rockefeller de Jerusalén, éste, también bajo control jordano. Otro grupo de rollos fue a dar a Jerusalén Oeste, sector a cargo de los israelíes. Sobrevino la Guerra de los Seis Días a la que siguió la reunificación de Israel y el Museo Rockefeller pasó a estar bajo la éjida del nuevo estado. ¿La consecuencia? Nadie podía considerarse propietario de los invalorables manuscritos.

Con el transcurso del tiempo, los papiros fueron cambiando de mano y eso produjo, lamentablemente, la desaparición de algunos de ellos, a veces en episodios verdaderamente dignos de una película de acción. Ejemplo de ello es el caso de un fragmento de rollo que fue adquirido por un agente de la CIA en varios miles de dólares para vendérselo luego a un árabe que terminó perdiéndolo en un confuso episodio donde también estuvo implicada una delegación estadounidense.

Asimismo, se sabe que Ariel Sharon y Moshe Dayán planificaron una incursión al Museo Rockefeller —pasando a través del alcantarillado de Jerusalén— en pos de apoderarse de la totalidad de los documentos. Nuevamente la pregunta es: ¿qué los motivaba a accionar de esa manera, cuál era el interés tan especial?

Por otro lado, se habló de que uno de los rollos mencionaba la existencia de 26 toneladas de oro y 65 de plata, lo que condujo a su vez a varios ignotos aventureros a emprender la búsqueda del tesoro.

Como forma de terminar este resumen de anécdotas, en cierto modo insólitas, se puede añadir que en 1951, un sacerdote desconocido pretendió vender, sin éxito, cuatro rollos a un coleccionista particular neoyorkino, supuestamente, por un monto aproximado de doscientos cincuenta mil dólares.

A finales de la década del 80 (o sea, cuarenta años después del tan importante hallazgo) sólo se había traducido la tercera parte de lo previsto y, como era de esperar, buena parte de la comunidad científica interesada en el tema se extrañó ante la lentitud de una tarea que se había prometido breve. John Allegro, uno de los estudiosos a quien se le confió parte de la traducción de los rollos, afirmó que le resultaba inverosímil que en 1985 aún no hubiera sido publicada ni la quinta parte de los totalidad de los textos encontrados y añadió que el retraso le parecía altamente sospechoso. ¿Qué se había dado a conocer? Por supuesto, fragmentos cuya importancia era meramente histórica y que no ponían en cuestión aquello verdaderamente vinculado a lo religioso. Entre estas partes dadas a publicidad, se encontraban algunos fragmentos inéditos del texto bíblico dedicado a Esenios instalados en un monasterio y otro escrito que daba cuenta de un revuelta judía acaecida hacia el año 88 a. C. contra el sumo sacerdote Alejandro Janeo, quien la sofocó con suma crueldad, mandando a sacrificar cientos de judíos.

Pero, como se podrá suponer, Allegro no fue el único erudito indignado ante los hechos. Morton Smith (de la Universidad de Columbia) y Geza Vermes (de la Universidad de Oxford) calificaron el retraso de "escandaloso y repulsivo" y añadieron, razonablemente iracundos, que el Museo Rockefeller se había negado desde el principio a que cualquier especialista se acercara a una sola de las más de mil placas extraídas de los manuscritos. Era evidente: se estaba escamoteando información trascendental por considerarla peligrosa para el establishment religioso.

¿La indignación de tanto erudito surtió algún efecto? Increíblemente, no: no lo hizo. Comenzaba la década del 90 y los estudiosos del tema seguían sin poder acceder al material. Pero... no solamente eso: ¡se les negaba hasta las fotocopias de los textos!!! Se aseguró que ese estado de cosas se revertiría en un tiempo aproximado de un año pero, como el lector ya podrá ir adivinándolo a esta altura, nada de ello sucedió. La responsabilidad de tanto hermetismo fue adjudicada a John Strugnell, miembro del Harvard Trinity School quien, para colmo de males llegó por esa época a declarar a los medios que "el judaísmo es una religión horrorosa", lo cual provocó su inmediata destitución del puesto que ocupaba, obviamente, en medio de un bochornoso escándalo.

De esa manera fue posible que en 1991 los rollos fueran sometidos a la prueba del radiocarbono en un laboratorio de Zurich, con lo cual quedó confirmada su antigüedad pero... seguía en pie la negativa de dar a conocer por entero los textos.

En 1992 dos especialistas judíos que vivían en Estados Unidos, Michael Wise y Robert Eisman, tomaron la decisión de publicar por su cuenta y bajo su exclusiva responsabilidad, medio centenar de fragmentos acompañados de su correspondiente traducción y algunos comentarios. Con ello, sentaron una suerte de precedente para que otros colegas se interesaran a su vez en profundizar en el tema así como en dar a conocer los resultados de su búsqueda. ¿Qué sucedió entonces? Lo previsible cuando se trata de ocultar algo: la repulsa de quienes tratan de hacerlo. Los rabinos de todo el mundo se horrorizaron ante tal posibilidad, ya que ponía en tela de juicio todo aquello que venían sosteniendo y aceptando como única verdad desde hacía siglos y hasta milenios. Por supuesto, buena parte de los cristianos adoptaron idéntica actitud.

Ahora bien ¿qué contenían estos papiros que fueron –y, de hecho, en buena parte todavía lo son– tan celosamente escondidos.?

Partiendo de la base ineludible de que buena parte de su contenido aún es un misterio absoluto que no ha sido develado sí puede asegurarse lo siguiente:

+ Los Rollos del Mar Muerto pueden ser considerados la fuente más importante para llegar a la comprensión de lo sucedido en los primeros años del cristianismo y, tal como lo adelantamos, esto no resulta conveniente para las grandes religiones (judaísmo y cristianismo) que han mostrado una determinada versión de los hechos que ya es la aceptada por sus fieles a lo largo de las centurias y los milenios.

+ Las especulaciones que contienen acerca de la llegada de un Mesías, tampoco parecen convenir a los judíos.

+ Como tercer factor parece encontrarse en el hecho de que los textos que describen la vida cotidiana y los valores de esta comunidad primitiva (piedad, ascetismo, etcétera) se encuentran ciertamente muy lejos de las que ostentan las jerarquías eclesiásticas actuales.

Pero, seguramente, la clave mayor, está en aquellos textos que todavía se ocultan y que, seguramente, guardan revelaciones de una importancia tal que nos resulta difícil imaginar.

Los papiros de Naj Hammadi

Se trata de un conjunto de códices encontrados en 1945 en Egipto, formado por una serie de textos de difícil interpretación que fueron escritos en copto (forma popular de escritura egipcia) entre los siglos III y V, aunque los originales griegos se remontan, inclusive, hasta el siglo I. Contienen una serie de obras gnósticas y conforman buena parte de los denominados *Evangelios Apócrifos* en tanto fueron descartados al armar la versión canónica u oficial de la *Biblia*. También son conocidos como *Evangelios gnósticos*, ya que fueron escritos por adherentes a esta corriente.

Al ofrecer una imagen distinta del cristianismo primitivo fueron, en los primeros siglos de nuestra era, considerados lisa y llanamente fruto de una herejía, por lo cual, a partir del siglo II, su posesión fue declarada un delito y por ello desaparecieron o, mejor dicho, en su momento debieron ser secretamente escondidos para salvar a sus poseedores.

Los papiros de Naj Hammadi fueron descubiertos por casualidad, cuando un campesino que cavaba en busca de tierra fértil tropezó con el ánfora y, al abrirla, halló trece volúmenes de papiros encuadernados en cuero. Su madre utilizó buena parte de los papiros para encender el fuego del hogar, pero afortunadamente, lo restante pasó a manos de anticuarios y, de éstos, a un grupo de científicos que pudieron darse cuenta de su real valor. Doce de aquellos volúmenes se guardan en el Museo Copto de El Cairo.

Nuevamente la pregunta obligada ¿qué es lo que estos textos revelan para que fueran silenciados? Vamos a las respuestas:

✛ Permiten atisbar una tradición distinta –concretamente, la gnóstica– que entra en conflicto con terpretación que se hace en la actualidad, segun el *Nuevo Testamento*, de las enseñanzas impartidas por Cristo.

+ Sugieren un mayor interés en la búsqueda del conocimiento interno y el autodesarrollo que la que tradicionalmente se asocia al *Nuevo Testamento*, ya que los gnósticos experimentaban poca necesidad de iglesias y sacerdotes y se sentían a sus anchas interpretando sus propios evangelios sin ayuda de intermediarios, cosa que siempre resultó amenazante para la jerarquía eclesiástica.

+ En el *Evangelio de la verdad* aparece la historia del paraíso contado desde el punto de vista de la serpiente, animal que en buena parte de la literatura gnóstica aparece como representación del principio de la sabiduría divina.

+ Posibilitan una interpretación más rica (y, tal vez, más radical) de la palabra de Jesús.

+ Judíos y cristianos ortodoxos insisten en un Dios abismalmente separado de la humanidad. Los gnósticos, por el contrario, proponen que el autoconocimiento es conocimiento de Dios, por lo cual, desde esta concepción, el yo y la divinidad son idénticos.

+ Proponen un principio femenino divino (caracterizado como "la diosa") que se contrapone a la organización eminentemente patriarcal de las grandes religiones basadas en los Evangelios Canónicos.

+ En varios de los *Libros Secretos* se enuncia que la Madre, llamada también *Barbelo*, era el principio femenino del Padre, su complemento, su contrapartida lógica y necesaria.

+ En el *Evangelio según Felipe* y en el *Evangelio según Tomás*, aparece la imagen de la Madre Divina que

149

sería Sophía, la sabiduría, primera creadora universal de la que luego surgieron las demás criaturas. Según el gnóstico Tolomeo en su *Carta a Fiora*, Sophía es la intermediaria entre el alma del mundo (demiurgo) y las ideas (pleroma) o plenitud; es parte del hombre primordial y lo abandonó, por lo que no puede existir salvación sin volver a encontrarla.

+ *El Trueno, intelecto perfecto* hace referencia a la diosa, que aparece en términos de un poder femenino que revela: "Yo soy la primera y la última. Yo soy la honrada y la escarnecida. Soy la puta y la santa. Soy la esposa y la virgen. Soy la madre y la hija... Soy aquella cuya boda es grande y no ha tomado esposo. Soy conocimiento e ignorancia. Soy fuerza y soy temor. Soy necia y sabia. Yo no tengo Dios y soy una cuyo Dios es grande".

+ En el *Hipostas de los Arcontes* Dios se encuentra con una divinidad femenina muy poderosa, con la cual se produce el siguiente diálogo: ".... el se volvió arrogante, diciendo: Soy yo quien es Dios y no hay ningún otro aparte de mí... una voz surgió de encima del reino del poder absoluto diciendo: Estás equivocado, Samael (Dios de los ciegos). Y él dijo: Si alguna otra cosa existe antes que yo, ¡que se me aparezca! E inmediatamente Sophía extendió un dedo e introdujo la luz en la materia y bajó tras ella a la región del Caos... Y él de nuevo dijo a sus vástago: Soy yo quien es Dios de Todo. Y Vida, la hija de la Sabiduría, clamó; le dijo a él: ¡Estás equivocado, Saklas!".

+ Y, último pero no por eso menos importante, ofrecen una imagen de Magdalena también muy poco conveniente a la jerarquía eclesiástica. Pero eso lo dejaremos para el último capítulo.

Los gnósticos

Los gnósticos fueron un grupo de cristianos primitivos que escribieron una serie de textos —entre los que se encuentran los *Evangelios gnósticos*— buscando la comprensión y el conocimiento (gnosis) más elevado de las cosas. Las bases de su credo eran la experiencia espiritual y mística; su nombre quiere decir "conocedor" y designa a aquellos que han recibido de un revelador celeste una enseñanza secreta y maravillosa: la "gnosis" o el "conocimiento". Para ellos, la salvación se obtenía por medio de este conocimiento y no, como proclamaría luego la iglesia, por la fe. Por ello, afirmaban ser poseedores de una revelación divina que conducía a la salvación y que se había transmitido en cadena ya desde Adán o, al menos, desde su hijo Set. Consideraban que el Dios que aparecía en el *Antiguo Testamento* sólo representaba un agente divino de orden secundario, denominado "demiurgo", ya que pare ellos el Dios auténtico era un ser extraño y desconocido, absolutamente trascendente y completamente bueno. El ser humano podría llegar a unirse a ese Dios inefable y ultra-trascendente, ya que afirmaban que el hombre tenía la misma naturaleza que lo divino y por ese motivo, la comunicación entre ambas instancias era posible.

Más acerca de los Evangelios Apócrifos

El Evangelio según Tomás

También llamado a veces *Relatos de la Infancia* debido a que ahonda en profundidad sobre esa etapa de la vida de Jesús (ver capítulo *Jesus: ¿mortal o divino?*) que ha llegado hasta nuestros días a través de cuatro traducciones, dos del griego, una del latín y otra del sirio; y cada una de ellas cuenta a su vez con varias redacciones y ediciones. La más antigua de todas ellas es una de las griegas; es, además, la de mayor extensión. Fue editada originalmente por Mongarelli, en el año 1764 a partir de un manuscrito proveniente de la Italia del siglo XV. Luego, fue publicada por Thilo, pero esta versión se basó en un manuscrito alemán del siglo XVI que era muy similar al primero. Estas dos versiones son las únicas completas, pero se conocen varios fragmentos de este mismo texto. Primero, se encuentra el Parisinus 339, que data del siglo XV y consta de los seis primeros capítulos. En segundo término, existe el denominada fragmento de Viena (actualmente perdido) al que los eruditos le atribuyen el carácter de fuente de los dos primeros capítulos de la edición realizada por Thilo. La segunda edición griega, notablemente más breve, es conocida a través de un manuscrito que fue copiado en el Sinaí, por Tischendorf. La diferencia más destacable entre esta versión y la primera (además de su extensión) radica en que modifica el relato de los hechos intervinientes de manera tal que, a veces los invierte, otras los ignora y, por momentos, los resume. Fue el mismo Tischendorf el responsable de la edición en latín. Por último, la versión siria fue realizada en base a un manuscrito no identificado del siglo V que hoy se encuentra en el Museo Británico de Londres. Wright fue el primero en publicarlo en idioma inglés, dándole un formato muy parecido a la primera versión griega. Este texto llevaba por nombre original *Incipit tractatus de pueritia Jesu secundum Thomas*. Se considera a Tomás como autor de otros dos escritos gnósticos: *Pistis Sophia* y *Actas Apócrifas de Tomás*.

El Protoevangelio de Santiago

Fue traído a Occidente por vez primera desde Constantinopla por un orientalista de origen francés: Guillaume Postel. Si bien el manuscrito que le sirvió de base se ha perdido, Postel llegó a realizar una traducción al latín que es la que hoy se encuentra entre nosotros. Fue publicado por primera vez en 1552 en Basilea (Suiza) con el auspicio del editor Teodoro *Biblia*nder. Más adelante, en 1564, M. Neander llevó al mismo impresor una nueva edición del texto en griego que acompañó la traducción realizada por Postel. Los volúmenes que aparecieron con posterioridad se basaron en estas primeras aproximaciones.

El Evangelio de María Magdalena

Es un texto breve (apenas diecinueve folios) parcialmente mutilado de una extraordinaria riqueza simbólica. Este texto presenta una interpretación radical de las enseñanzas de Jesús en tanto sendero al conocimiento interior; asimismo, reconoce la realidad de la muerte y la resurrección de Cristo, pero rechaza su sufrimiento y su muerte como caminos hacia la vida eterna. También niega la inmortalidad del cuerpo, aseverando que sólo el alma se salvará, y ofrece una aguda crítica al poder. Habitualmente, se lo considera dividido en dos partes. La primera de ellas describe el diálogo entre el Salvador (resucitado) y los discípulos. La segunda sección contiene una descripción que hace María de la revelación especial que le hiciera Jesús.

El Evangelio según Felipe

No es un documento original, sino una suerte de materiales diversos compilados, de extractos de fuentes distintas. Por la complejidad de su contenido es el que más evidentemente se dirige a un público iniciado en los misterios del gnosticismo, capaz de develarlos. Se trata, básicamente, de una colección de afirmaciones referidas al significado y al valor de los sacramentos expresados de manera diversas: parábolas, aforismos, diálogos narrativos, etcétera.

El Evangelio de la Verdad

Es un tratado teológico pero no relata en ningún punto la historia de Jesús.

La sophía de Jesus Cristo

Es un texto sumamente místico que refiere, básicamente, a la creación de ángeles y dioses (y al universo, en general) colocando siempre en primer lugar la importancia de la existencia de una verdad mística e infinita. Algunos eruditos han señalado que puede reflejar conversaciones entre Jesús y sus discípulos, después de la resurrección, mientras que otros argumentan lo contrario.

Capítulo 11

Jesús:
¿mortal
o divino?

Hijo de Dios, ser de origen inequívocamente divino, "revolucionario" que luchaba por cambios pocos convenientes al poder de la época, profeta, ser de luz.. todas esas expresiones (y muchas otras) se han utilizado para caracterizar al gigante galileo. Pero... ¿Quién fue en verdad esa figura colosal de la historia de la humanidad, Jesucristo? Para intentar contestar ese interrogante hay que comenzar aclarando algo: de la misma manera en que el *Antiguo Testamento* dejó de lado muchos textos para constituirse en uno que defendiera el poder de ciertos estratos de poder, no sucedió algo distinto con el *Nuevo Testamento* que es, básicamente, la compilación de textos encargados de darnos la visión oficial de ese personaje excepcional que vio la luz en un pesebre de Belén. Pero.. ¿Es el *Nuevo Testamento* la única historia acerca de él? No: de ninguna manera. Existe otro Jesús, silenciado por la Iglesia. Por supuesto, no resulta tarea sencilla el develarlo en su verdadera dimensión, pero los Evangelios Apócrifos nos serán de gran ayuda en la tarea, concretamente los Evangelios gnósticos.

El poco conveniente Cristo gnóstico

Los Evangelios gnósticos nos revelan facetas de Cristo y de quienes lo rodearon que la ortodoxia religiosa siempre intentó ocultar. Por supuesto, durante siglos este ocultamiento fue relativamente exitoso. Y decimos "relativamente" ya que siempre hubo a lo largo y a lo ancho del mundo grupos de eruditos marginales que, denodadamente y sin estar exentos de riesgo, se dedicaron a la noble tarea de sacar a luz y divulgar esos otros textos que revelaban de manera inequívoca que había una "otra verdad", otra mirada posible sobre la cosas de este mundo y del otro, que las capas de poder habían silenciado para su propio beneficio, en un meticuloso trabajo de hormiga que se prolongó durante siglos y siglos.

¿Cómo es el Jesús que aparece retratado en esos textos? Las diferencias con la imagen que se presenta en los denominados Evangelios Canónicos son varias:

+ Los evangelios oficiales muestran un Jesús exotérico; los gnósticos uno esotérico.
+ Los Evangelios gnósticos retratan un Jesús infante que poco se condice con el piadoso adulto que muestran los Evangelios Canónicos.
+ Los Evangelios gnósticos describen una relación entre Cristo y María Magdalena que la Iglesia Católica siempre trató de negar y ocultar, cuestión que se abordará en el capítulo siguiente.

El Jesús esotérico

El *Nuevo Testamento* nos muestra sola y claramente un Jesús accesible a todos, cuyas enseñanzas pueden ser leídas y comprendidas por cualquiera que tome contacto con ellas. Se trata de un Jesús exotérico: de fácil acceso, simple, sin recovecos, común, accesible para el vulgo.

Contrariamente, de los Evangelios gnósticos, además del exotérico, emerge otro Jesús esotérico, oculto, reservado, arcano, impenetrable y de difícil acceso, que utiliza palabras veladas, imágenes extrañas y enseñanzas en clave, reservadas solamente a un grupo de iniciados en los misterios gnósticos acerca de la esencia de la salvación, la creación del Universo y del hombre, la multiplicidad de secretos de los cielos, etcétera.

Según la doctrina de los gnósticos, esa dualidad de Jesús (exotérico y esotérico) se explica de la siguiente forma: Cristo tomó el aspecto de un ser humano, bajó al infierno y vivió en la tierra para predicar su doctrina exotérica. Se trataba, tal como lo señalamos, de enseñanzas sencillas y comprensibles que se expresan, básicamente, a través de parábolas. Tras sufrir una muerte aparente, es llevado al cielo junto al Padre y éste le revela otra serie de misterios. Con ese conocimiento, Cristo regresa a la tierra y enseña a su grupo de discípulos selecto e iniciado la parte esotérica y oculta de su doctrina.

El Jesús presentado en estos textos es conocido como el Viviente, o sea, el resucitado que hacía confidencias a sus amigos más cercanos, aquel que develaba aquello que nunca habían escuchado otros oídos ni imaginado otras mentes. No se trataba de un Cristo histórico ni material; tampoco de un amo, un maestro o del hacedor de milagros que tan a menudo aparece en el *Nuevo Testamento*. Se trataba de un guía espiritual que enseñaba y trataba de hacer entender de qué manera eso que se conocía como "el reino de Dios" no era algo externo, sino una realidad interior e ineludible de cada persona a la que podía accederse a través del autoconocimiento profundo, sostenido y responsable y del conocimiento de Dios.

Es fundamentalmente a partir de estas enseñanzas que los gnósticos predicaban con fervor la comunicación directa con Dios, al margen de cualquier autoridad eclesiástica que hiciera las veces de "intermediario" entre el creyente y la divinidad. Por supuesto, este concepción resultaba por demás poco conveniente a la Iglesia Católica, así como la que expondremos a continuación: según la doctrina gnóstica, la persona que alcanzaba la gnosis (conocimiento) a partir de ese momento se convertía en un ente de igual sustancia que la divinidad. Para esta corriente, aquello que se conoce como el "Reino del Padre", consistía en un estado de conciencia ampliada, "iluminada" (en sentido metafórico) en el que el hombre ya no necesitaría de ningún maestro, instructor, sacerdote ni autoridad alguna.

De acuerdo a ello, cualquier ser humano que lograse experimentar una visión interna de Cristo estaba en iguales condiciones que los Apóstoles, cosa por demás inconveniente para las autoriddes eclesiásticas que pretendían arrogarse tal derecho.

¿Era virgen la madre de Cristo?

El original hebreo, al hablar de María, madre de Jesús, consigna la palabra *almah*, que simplemente quiere decir "mujer joven". La palabra hebrea que específicamente se refiere a virgen es *betulah*, que no es utilizada en este caso. Cuando la *Biblia* se tradujo al griego se mal utilizó el vocablo "parthenos", que quiere decir "virgen". Por lo tanto, la afirmación bíblica original fue que Cristo nació "de una joven mujer" y no de una virgen.

El niñito Jesús

Algunas imágenes de Cristo aparecidas en los evangelios gnósticos pueden resultar chocantes. Por ejemplo, en el *Evangelio según Tomás,* se presenta a Jesús como un niño indisciplinado, travieso, caprichoso, vengativo. propenso a la violencia y a las demostraciones escandalosas, al tiempo que demuestra un ejercicio en buena medida irresponsable de sus poderes.

Algunos ejemplos de ello son las siguientes transcripciones del mencionado evangelio:

✦ "Después de su vuelta de Egipto y cuando estaba en Galilea, Jesús que entraba en el cuarto año de edad, jugaba un día de sabbat con varios niños a la orilla del Jordán. Habiéndose sentado Jesús, hizo con barro siete lagos pequeñitos, construyendo para cada uno diminutas acequias por donde llegaba el agua del río, obedeciendo su orden, y luego se retiraba. Uno de los muchachos obstruyó envidiosamente los canalillos por donde pasaba el agua y destruyó de ese modo lo que había hecho Jesús. Este le dijo entonces: ¡Caiga la desgracia sobre ti, hijo de Satanás! Te atreves a destruir lo que yo he hecho. Y el que tal cosa había hecho murió inmediatamente. Los padres del niño muerto, levantaron entonces, en tumulto, la voz contra María y José, diciendo: Vuestro hijo ha maldecido a nuestro hijo y éste se ha muerto. Cuando José y María oyeron esto fueron al instante al lado de Jesús, en vista de las quejas de los padres y del tumulto de los judíos. Y José dijo secretamente: Por mi parte, no me atrevo a hablarle, pero adviértele tú de todo y dile: ¿Por qué ha concitado contra nosotros el odio del pueblo y somos objetos de la cólera de los hombres? Cuando su madre estuvo al lado de Jesús le dijo suplicante: Señor ¿qué ha hecho ese niño para morir? A lo que respondió: Merecía la muerte por haber destruído lo que yo había hecho".

✝ "En otra ocasión, un hijo de Anás, sacerdote del templo que había ido en compañía de José, al lugar donde estaba Jesús, llevando en la mano una varita, destruyó delante de todos y con gran ira, los pequeños lagos que Jesús había formado con sus manos y vertió el agua que él había llevado del torrente, pues había obstruído la acequia por donde entraba y luego la había destruído. Al verlo Jesús, dijo al niño que había destruído su obra: Semilla infame de la inquinidad, hijo de la muerte, colaborador de Satanás, el fruto de tu semilla no tendrá fuerza, seguramente tus raíces no tendrán humedad y tus ramas serán áridas y sin fruto. Al instante y en presencia de todos, el niño quedó disecado."

✝ "Atravesaba Jesús por el pueblo y un chiquillo pasó corriendo y le empujó en el hombro. Irritado, Jesús le dijo: No seguirás tu camino. E, inmediatamente, cayó muerto el chiquillo. Las personas que habían visto el suceso dijeron: ¿De dónde viene este niño cuyas palabras se realizan al instante? Los padres del muchacho muerto fueron a buscar a José, a quien se quejaron en esta forma: Con semejante niño, no puedes vivir con nosotros en el pueblo o, por lo menos, enséñale a bendecir y no a maldecir, pues hace que mueran nuestros hijos. José llevó al niño aparte y lo amonestó, diciéndole: ¿Por qué obras de esa manera? Estas gentes sufren a causa de ello y nos odian y nos persiguen, a lo que Jesús contestó: Sé que las palabras que pronuncias no salen de ti; me callaré, sin embargo, en atención a ti, pero ellos sufrirán su castigo. E, inmediatamente, quedaron ciegos todos los que lo acusaban. Todos los que presenciaron eso quedaron profundamente aterrados y vacilantes".

El Jesús adulto en los Evangelios gnósticos

+ En el *Segundo Tratado del Gran Set* se describe a Jesucristo librándose de morir en la cruz a partir de una serie de sustituciones por demás ingeniosas. Allí se lee: "Fue otro, su padre, quien bebió la hiel y el vinagre; no fui yo. Me golpearon con caña; fue otro, Simón, quien llevó la cruz sobre sus hombros. Fue otro a quien colocaron la corona de espinas.. y yo me estaba riendo de su ignorancia".

+ Otra imagen chocante es la de Cristo enfrentándose al Padre con el reclamo: "Dadme a mí lo que es mío", característico de algunas tesis gnósticas que afirmaban que se debía odiar y amar a los padres.

+ Un punto que ha sido objetos de múltiples controversias entre los eruditos es un pasaje de *El Evangelio según Felipe*. En él, puede leerse: "Cristo encierra todo en sí mismo –ya sea hombre, ya sea ángel, ya sea misterio–." Como podrá notarse, se vincula a Jesús con diversas entidades, pero nada se dice acerca de que sea de sustancia divina.

El concilio de Nicea "decreta" que Jesús es divino

Por supuesto y tal como es de público conocimiento, nada de ese Jesús que acabamos de describir puede rastrearse en el cristianismo ortodoxo, en los evangelios "oficiales". Y buena parte de la causa de ello reside en las resoluciones tomadas por el Concilio de Nicea, primer concilio ecuménico de la Iglesia Cristiana, convocado por el emperador Constantino en el año 325 d.C. Fundamentalmente, el Concilio fue ideado para resolver disputas teológicas tanto del orden de lo práctico como teóricas. En ese momento de la historia cristiana, las doctrinas y las prácticas religiosas no eran uniformes y el concilio niceno constituyó un serio intento de solucionar las disputas. Al él asistieron más de trescientos obispos y se trataron y resolvieron temas "menores" tales como las fechas en que debían celebrarse determinadas festividades. Pero lo cierto es que había una cuestión de fondo, un tema capital a tratar y a resolver: ¿era Cristo un ser divino, de la misma sustancia que el Padre o, contrariamente, era un profeta, hombre excepcional, pero humano al fin y al cabo? Las tratativas para llegar a una respuesta (que sería la oficial) no fueron, ciertamente, sencillas. El debate llegó a tener verdaderos picos de violencia donde los importantes y educados asistentes llegaron, incluso, a las manos. Finalmente, se llegó a un acuerdo: Cristo era de origen divino. Al proclamarlo Hijo de Dios, el Concilio convirtió a Jesús en una entidad absolutamente incuestionable al tiempo que dejaba un solo camino para la redención de los seguidores de Jesús: la Iglesia católica, apostólica y romana.

Como base de todo esa concepción instaurada, el concilio aprobó el denominado Credo Niceno, verdadera declaración de la ortodoxia eclesiástica:

"Creemos en un solo Dios, Padre Todopoderoso,
creador del cielo y de la tierra,
de todo lo visible y lo invisible.
Creemos en un solo Señor Jesucristo,

Hijo único de Dios,
nacido del Padre antes de todos los siglos:
Dios de Dios, Luz de Luz,
Dios verdadero de Dios verdadero,
engendrado, no creado, de la misma naturaleza del Padre,
por quien todo fue hecho;
que por nosotros los hombres, bajó del cielo,
y por obra del Espíritu Santo se encarnó de María la Virgen,
y se hizo hombre;
y por nuestra causa fue crucificado en tiempos de Poncio
Pilato, padeció y fue sepultado,
y resucitó al tercer día, según las Escrituras,
y subió al cielo, y está sentado a la derecha del Padre;
de nuevo vendrá con gloria para juzgar vivos y muertos,
y su reino no tendrá fin.
Creemos en el Espíritu Santo, Señor y dador de vida,
que procede del padre
y del Hijo recibe una misma adoración y gloria,
y que habló por los profetas.
Creemos en la Iglesia,
que es una, santa, católica y apostólica.
Confesamos que hay un solo bautismo para el perdón de
los pecados.
Esperamos la resurrección de los muertos
y la vida del mundo futuro".

Con la aprobación de ese credo se daba, tal como lo dijimos, un paso fundamental: Jesús pasaba de ser un profeta mortal a considerarse el Hijo de Dios. Establecer el carácter divino de Cristo resultó de capital importancia para el establecimiento de la base de poder del Vaticano. Pero no todo finalizó en la última jornada del Concilio. Tiempo después, Constantino confiscó y destruyó buena parte de todos los textos que cuestionaran las enseñanzas ortodoxas; fueron blanco de esta política tanto las obras de cristianos considerados "heréticos" como los textos de autores paganos que contuvieran alguna referencia a Jesús. Como corolario, en el año 331, financió copias de la *Biblia*, por supuesto, de acuerdo a la versión oficial, que fue supervisada por los custodios de la ortodoxia.

ortodoxia — Rectitud dogmática o conformidad con la doctrina fundamental de cualquier religión o sistema.

dogma — proposición que se asienta por firme y cierta y como principio innegable.

Capítulo 12

Una mordaza
para María Magdalena

Y para todas las mujeres, podríamos agregar. De manera similar a cómo en el *Antiguo Testamento* se borra, se hace desaparecer la imagen de Lilith, la primera mujer de Adán, en el *Nuevo Testamento* se hace otro tanto con María Magdalena. En este caso, el personaje no desaparece por completo, pero sí se lo presenta de modo por demás distorsionado, como si, metafóricamente, se le hubiera puesto una mordaza para que no gritara su verdadera condición. Además, de manera sintomática, en ambos casos –Lilith y María Magdalena– las operatorias de borramiento y distorsión recaen, precisamente, sobre mujeres fuertes que, ¿qué duda cabe?, de alguna o varias maneras cuestionan y ponen en tela de juicio el orden patriarcal instaurado y avalado por las *Sagradas Escrituras*. Por fortuna, existen los Evangelios gnósticos y multiplicidad de eruditos y estudiosos que no cejan en su intento de revelar a la verdadera Magdalena que la *Biblia* ha, sistemáticamente, tratado de ocultar.

Pero vayamos primero a la historia oficial y a sus cambios y devenires, que también suponen una distorsión de la figura de Magdalena que una importante estudiosa (como se podrá ver más adelante) bautiza con el nombre de "prostituficación".

La *Biblia* refiere a Magdalena como uno de los acompañantes más allegados a Jesús.De hecho, se encuentra entre los pocos presentes en el momento de su crucifixión y se ocupa de él después de muerto. Concretamente, el *Nuevo Testamento* la menciona por nombre doce veces. Pero... ¿qué dice concretamente la *Biblia* acerca de esta mujer? María Magdalena aparece por primera vez en el *Evangelio de Lucas* como una de las muchas mujeres –aparentemente de dinero– a quien Jesús cura de la posesión al librarla de siete demonios y que se une a él y a sus apóstoles y los provee de recursos. Marcos relata que María Magdalena se contó entre las mujeres que, cuando Cristo estaba en Galilea, "lo seguían y lo servían". Lucas, quien también nos dice que el grupo había sido parte del entorno de Cristo por un tiempo considerable previo a la crucifixión, corrobora su papel de servicio y lo amplía mediante la expresión "con sus bienes". Muchas veces se ha dado por sentado que éste era un papel doméstico, debido a que las vidas de las mujeres en la sociedad judía del siglo I estaban exclusivamente circunscriptas ese ámbito: cuidar los niños, lavar la ropa, amasar, trabajar la lana, etcétera. Pero la expresión "con sus bienes" indica que ciertas mujeres aportaban sus recursos para posibilitarle a los predicadores itinerantes llevar su trabajo adelante.

Luego, Magdalena aparece en la escena de la crucifixión hecho que, junto a otras mujeres, presencia al pie de la cruz. Por la mañana del domingo de Pascuas, visita el sepulcro de Jesús, sola o acompañada y descubre que está vacío. Se entera –en tres Evangelios por medio de ángeles, en otro por el propio Jesús– de que ha resucitado.

Entonces ¿qué hay de Magdalena en tanto prostituta que suele ser la imagen más difundida? En realidad, la imagen de María Magdalena se distorsionó en ese aspecto cuando dirigentes eclesiásticos de la iglesia primitiva identificaron su nombre con el de otras muchas mujeres menos distinguidas a quienes la *Biblia* no se refiere por nombre o lo hace sin patronímico. Una de ellas es la "pecadora" que aparece en Lucas bañando los pies de Jesús con sus lágrimas, para luego besarlos y ungirlos con ungüento. "Sus muchos pecados le han sido perdonados, pues amó mucho", dice él. Otras incluyen a María de Betania de Lucas y a una tercera mujer no identificada, quienes ungen de una forma u otra a Cristo. La confusión, fue finalmente oficializada por el papa Gregorio Magno en el año 591 quien durante un sermón aseveró: "De modo que creemos que la que Lucas llama La mujer pecadora y Juan llama María, es esa María de quien, según Marcos, fueron expulsados los siete demonios. ¿Y qué significaban esos siete demonios sino todos los vicios? Está claro, hermanos, que esa mujer había empleado ese ungüento para perfumar sus carnes para actos prohibidos".

¿Cuál fue el objetivo del papa al hacer tal declaración? Hay varias hipótesis al respecto. Una de ellas sugiere que se trató de una tentativa de reducir la cantidad de Marías. Otra afirma que la mujer pecadora fue añadida exclusivamente para proveer antecedentes con los que no se contaba para una figura de tan obvia importancia. Por supuesto, no faltan quienes

171

aseguran que fue solamente una muestra más de la misoginia de la Iglesia. Sea cual fuera el objetivo el resultado fue claro: una mujer de importancia, mucha menos que en los Evangelios gnósticos, pero importante al fin, era reducida a una pecadora prostituta. Jane Schaberg denomina a esta proceso "prostituficación" y lo describe como "la mujer poderosa que es privada de su poder y recordada como una puta o algo parecido". Muchos pero muchos años más tarde (concretamente, en 1969) la Iglesia Católica separó oficialmente a la mujer pecadora de Lucas, María Betania, de María Magdalena. Pero el trabajo de asociarlas ya estaba hecho y había calado en la mente de los creyentes durante siglos. Pero volvamos a los siete demonios expulsados del cuerpo de Magdalena, entre otras mujeres, (hecho que es referido por Lucas y Marcos y que es retomado por el papa Gregorio Magno en su sermón) lo cual fue motivo de múltiples elucubraciones para los primitivos comentaristas cristianos. Algunos han sugerido que el vínculo de aquellos demonios con los "espíritus malignos y enfermedades" que se adscriben a algunas de las mujeres, bien puede haber llevado a que se identificasen con los siete pecados capitales. Asimismo, se ha sugerido que María Magdalena era la más conocida de esas mujeres porque su curación había sido la más espectacular, pues que hubiera siete demonios indicaría una posesión de una malignidad extraordinaria. Sin embargo, en ninguna parte del *Nuevo Testamento* se considera que la posesión demoníaca sea idéntica al pecado. Pero Gregorio Magno pensaba diferente. Y eso selló, en buena medida, la negativa imagen de Magdalena por los siglos de los siglos.

Jesús y Magdalena en los Evangelios gnósticos

Mencionamos más arriba que otros de los puntos por los cuales los Evangelios gnósticos fueron sistemáticamente ocultados y silenciados reside en que éstos exponen una relación entre Jesús y María Magdalena que siempre se trató de rechazar. Varios escritos permiten suponer que María Magdalena fue discípula de Jesús y con mas capacidades para serlo que sus compañeros de sexo masculino. Sin embargo, lo que más denodadamente se trató de ocultar fue otra cuestión que emanaba de varios textos gnósticos: el vínculo de amor extraordinario que unía al gigante de Galilea y a la mujer, a punto tal que no son pocos los pasajes que hacen pensar que, efectivamente, Cristo y Magdalena fueron marido y mujer. Muchos son los estudiosos que han defendido esta hipótesis, lo cual suele ser de público conocimiento. Por supuesto, tampoco fueron pocas las maniobras de la jerarquía eclesiástica para negarlo. Pero vayamos a los mismos textos. Primero a los que permiten inferir que Magdalena fue una destacada discípula de Jesús y, luego, a los que permiten hacer otro tanto con la relación amorosa que los unía:

+ *El Evangelio de María Magdalena* describe a ésta como una persona que se vio favorecida con unas visiones extraordinarias y una percepción que superaban en mucho a las de Pedro. De la comparación (Magdalena-Pedro) sólo puede inferirse una cosa: Magdalena también era un apóstol, aunque este hecho no sea reconocido por la ortodoxia eclesiástica. En ese mismo texto se relata que recibió enseñanzas privadas de Jesús, enseñanzas que luego transmitió a los discípulos varones.

+ En *Diálogo del Salvador*, Jesús se refiere a Magdalena como "mujer que conoce el Todo". En este caso queda por demás claro que Cristo consideraba a Magdalena una mujer por demás sabia, al punto de decir que su conocimiento es del orden de lo absoluto, del "todo", cosa que, por supuesto, jamás dijo de ninguno de sus discípulos masculinos.

+ Tal cual se describe en el *Evangelio según Tomás*, Jesús alabó repetidas veces y de muy distintas formas a María Magdalena y la tuvo por visionaria y superior a cualquier apóstol.

+ En *La Sophía de Jesús Cristo* se muestra a Pedro negándose vehementemente a aceptar el puesto de privilegio concedido a María Magdalena por Jesús. Éste último desoye las protestas del apóstol en cuestión y lo reprende. Más tarde, en privado, la mujer le confiesa que se siente intimidada por Pedro y que no es capaz de hablar con libertad frente a él, ya que el discípulo ha expresado reiteradamente su hostilidad contra el sexo femenino, tanto en expresiones contra ella misma como para con las mujeres en general. Ante esto, Cristo la consuela, diciéndole que cualquier persona (independientemente de su sexo) inspirada por el Espíritu, podía expresarse sobre cuestiones divinas sin tener nada que temer.

Vayamos, ahora sí, al punto capital de la controversia: ¿cuáles eran los verdaderos sentimientos de Cristo hacia María Magdalena? ¿tuvieron una relación amorosa? Y, más aún: ¿fueron marido y mujer?

+ En varios pasajes de los Evangelios gnósticos se insiste en dos cuestiones. Por un lado, en que Magdalena era más amada que cualquiera de los discípulos masculinos y, por otro, en que era la "compañera" de Jesucristo.

+ En algunos fragmentos de los Evangelios gnósticos, se relata una discordia implacable entre Pedro y María Magdalena, aunque tal vez no sea del todo correcto hablar de una discordia, sino de un ataque encarnizado del apóstol para con la mujer. ¿La causa? Los celos que éste último sentía ante el amor que Jesús profesaba de manera manifiesta hacia Magdalena. Concretamente, en el *Evangelio de María Magdalena*, Pedro revela saber que Jesús amaba a María Magdalena más que al resto de las mujeres y, por ello, pregunta indignado a sus discípulos: "¿Habló realmente en privado con una mujer y no abiertamente con nosotros? ¿Debemos volvernos todos y escucharla a ella? ¿La prefirió a nosotros"? Más adelante, uno de los discípulos contesta a Pedro: "Seguramente, el Salvador la conoce muy bien. Por eso la amaba más que a nosotros". Por supuesto el verbo "conocer" resulta por demás revelador. En aquellos tiempos "conocer" era una suerte de eufemismo para aludir al conocimiento carnal, tal como se explicó cuando se trató el tema de Sodoma y Gomorra. Teorías ya demasiado extremas, de las cuales no nos haremos eco, han incluso llegado a sostener que los celos de Pedro iban más allá de una cuestión meramente jerárquica. Sí: no deja de haber audaces estudiosos que creen ver en esto un signo inequívoco del amor erótico de Pedro hacia Jesús.

+ En el mismo texto (el *Evangelio de María Magdalena*) también puede leerse lo siguiente: Pedro le dijo a María, "Hermana, sabemos que el Salvador te quería a ti más que el resto de las mujeres. Díganos las palabras del Salvador cuáles usted se recuerda, cuáles usted sabes pero nosotros no, ni las oímos."

María le contesto y dijo, "Lo que se oculta de ti, yo te lo proclamaré."

+ En el *Evangelio según Felipe* aparecen mencionadas varias veces dos imágenes por demás sugestivas: la de una cámara nupcial y la de Magdalena como "compañera" del Jesús. Con relación a la primera de ellas (esto es, la cámara nupcial) puede leerse: "El Señor lo hizo todo en un misterio, un bautismo y un crisma y una eucaristía y una redención y una cámara nupcial". Por supuesto, esto fue motivo de debate entre los eruditos que estudiaban y estudian los Evangelios gnósticos: ¿se trataba de una expresión meramente metafórica, del orden de lo simbólico o debía tomarse en sentido literal? La conclusión a la que arribaron fue terminante: se trataba de una expresión literal. Una polémica análoga se suscitó con el término compañera, que aparece, por ejemplo, en el siguiente fragmento: "Tres eran las mujeres que siempre caminaban con el Señor: María, que era su madre; su hermana y Magdalena, que era su compañera". En este caso, la controversia se centró en el alcance exacto del término "compañera": ¿qué implicaba, de qué manera lo acompañaba, en qué consistía concretamente esa compañía? Y la conclusión, luego de pormenorizados estudios y análisis, fue la siguiente: la palabra en cuestión debe ser entendida, sin lugar a dudas, como esposa. Pero el *Evangelio según Felipe* es aún más explícito al respecto en otro pasaje, donde puede leerse: "Y la compañera del Salvador era María Magdalena. Pero Cristo la amaba más que a todos los discípulos y solía besarla en la boca a menudo. El resto de los discípulos se ofendían por ello y expresaban desaprobación".

176

✦ Otro pasaje del mismo texto, un tanto más oscuro pero no por eso menos sugerente, reza: "La Sofía –a quien llaman "la estéril"– es la madre de los ángeles; la compañera de Cristo es María Magdalena."

A partir de todas estas citas de los Evangelios gnósticos pueden verse de manera por demás clara dos puntos fundamentales que fueron oportuna, estratégica y sistemáticamente silenciados en la recopilación que la ortodoxia cristiana hizo con el objetivo de conformar los evangelios canónicos, historia oficial de Jesús. Uno de ellos es que Cristo consideraba a María Magdalena como de un estatus eminentemente superior al resto de sus discípulos. Otro, el más espinoso, el que más molestaba (y sigue molestando, por supuesto) a la jerarquía ecleiástica es el referido a la naturaleza de los sentimientos, por demás humanos, que Jesús tenía hacia ella. Cristo la amaba, pero lo hacía de manera erótica, lo cual no tenía absolutamente nada de malo ni de pecaminoso si, tal como aparece claramente en los textos gnósticos, estaban unidos por un vínculo matrimonial.

A modo de último dato al respecto, vale destacar que no solamente los estudiosos de los Evangelios Apócrifos creen y aseveran que Jesús y Magdalena estaban casados. Un nombre fundamental de la historia de la humanidad, el reformador protestante Martín Lutero tenía exactamente la misma convicción. ¿Algo en la *Biblia*, en los Evangelios canónicos, puede aportarnos algo al respecto? Curiosamente, sí puede hacerlo si el lector se acerca a sus páginas con ojo avizor. Se trata del cuarto evangelio, donde se narran las bodas de Caná que, bien podrían ser las del mismo Cristo. Veamos:

Las bodas de Caná

Según puede leerse en la *Biblia*, se trata de una ceremonia humilde y local; además, no se revela en ningún momento la identidad de la pareja de novios en cuestión. A ese casamiento, Jesús es "llamado" y (curiosamente y, en apariencia, sin explicación alguna) su madre, María, también se encuentra presente allí. Por motivos que el texto tampoco explica, su madre pide a Jesús que reponga el vino, cosa que correspondía al dueño de la casa. La pregunta obligada es, entonces: ¿Por qué iba a hacerlo, a menos que se tratara de su propia boda? Hay pruebas más contundentes de ello y son las que aparecen luego de la ejecución del milagro, cuando el maestresala de la boda llamó al novio y le dijo "Todos sirven primero el vino bueno, y cuando ya están bebidos, el inferior, pero tú has guardado el vino bueno hasta ahora". Estas palabras van dirigidas a Jesús pero, según el Evangelio, van dirigidas al esposo, con lo cual la deducción resulta por demás clara: la boda es la del mismo Cristo. Y, por supuesto, si Jesús se casó, su consorte no pudo haber sido otra que María Magdalena.

Del papel de la mujer en las Sagradas Escrituras

No solamente la desaparición de Lilith y la mordaza impuesta a María Magdalena son operaciones contra el género femenino en pos de silenciar su poder. Hay mucho más: la mujer aparece de manera constante en las *Sagradas Escrituras* como una suerte de maldición de la vida, como un abismo de voluptuosidad y de placer pecaminoso. La excepción al respecto es, por supuesto, la Virgen María, madre de Jesús. Pero en ese caso particular, lo que se hace es olvidar o, cuanto menos, despreciar la función fisiológica de la mujer como madre del género humano. Todo ello, en pos de (tal como lo venimos diciendo) sustentar una casta sacerdotal de corte eminentemente patriarcal. Ya sabemos que Eva es quien introduce el pecado en el corazón del hombre, de Adán, luego de lo cual todos los humanos nacemos con el pecado original por culpa de esa mujer. Pero veamos una suerte de muestrario de ese constante envilecimiento del sexo femenino de que hace gala tanto el *Viejo* como *el Nuevo Testamento* y que tiene al Libro del Eclesiástico como la verdadera joya sin par de misoginia:

+ "A la mujer le dijo: Tantas haré tus fatigas cuanto sean tus embarazos: con dolor parirás los hijos. Hacia tu marido irá tu apetencia y él te dominará". (*Génesis*)

+ "Si la mujer que ha recibido semen, pariere varón, será inmunda siete días, conforme a los días de la separación menstrual. Permanecerá treinta y tres días purificándose de su sangre. No tocará ninguna cosa santa ni entrará en el Santuario, hasta que sean cumplidos los días de su purificación. Más, si pariere hembra, será inmunda dos semanas, según el rito del flujo mentrual y permanecerá sesenta y seis días purificándose de su sangre". (*Levítico*)

+ "Pero si la muchacha no fue hallada virgen, la echarán fuera de la casa de su padre, la apedrearán hombres de aquella ciudad y morirá porque hizo cosa detestable en Israel, fornicando en casa de su padre, quitando así el mal de en medio de ti". (*Deuteronomio*)

+ "No dejes que la mujer tenga dominio sobre tu espíritu, para que no se levante contra tu autoridad y quedes avergonzado". (*Libro del Eclesiástico*)

✦ "No frecuentes el trato con bailarinas ni las escuches, si no quieres perecer a la fuerza de su atractivo". (*Libro del Eclesiástico*)

✦ "No pongas tus ojos en la doncella para que su belleza no sea ocasión de tu ruina". (*Libro del Eclesiástico*)

✦ "Por la hermosura de la mujer muchos se han perdido; y por ella se enciende cual fuego la conscupiscencia". (*Libro del Eclesiástico*)

✦ "Muchos embelesados de la belleza de la mujer ajena se hicieron réprobos; porque su conversación quema como fuego". (*Libro del Eclesiástico*)

✦ "El vino y las mujeres hacen apostar a los sabios y desacreditan a los sensatos". (*Libro del Eclesiástico*)

✦ "La malignidad de la mujer le hace inmutar su semblante y poner tétrico y ceñudo aspecto, como el de un oso, y la presenta tal como un saco o vestido de luto". (*Libro del Eclesiástico*)

✦ "Y el Señor dijo también: a las mujeres de Sión que son orgullosas, que andan paseando con el cuello erguido, mirando con insolencia y haciendo gestos con sus manos y ruidos con los pies y caminan con pasos afectados: raerá el Señor la cabeza de las mujeres de Sión y las despojará de sus cabellos. En aquel día les quitará el Señor el adorno del calzado y las lunetas y los collares de perlas y los joyeles y los brazaletes y las escofietas y los partidores de pelo y las ligas y las cadenillas y los pomitos de olor y los zarcillos y los anillos y las piedras preciosas que cuelgan sobre su frente y la muda de vestidos y los mantos y las gasas o velas y los preciosos alfileres y los espejos y los finos lienzos y las cintas y los vestidos de verano y en lugar de olores suaves tendrán la hediondez y por ceñidor una cuerda en lugar de cabellos rizados la calva y reemplazará un cilicio la faja de los pechos". (*Isaías*)

+ "Como tímidas mujeres serán los egipcios ese día y se volverán estúpidos y medrosos". (*Isaías*)

+ "Y Jesús dijo: Los hijos de este siglo se casan y se dan en matrimonio: pero los que serán dignos de alcanzar aquel siglo venidero (la vida celestial) y la resurrección de entre los muertos, ni se casan ni se dan en matrimonio". (*Lucas*)

+ "En verdad no fue creado el hombre a causa de la mujer, sino la mujer a causa del hombre. Porque el hombre en verdad no debe cubrirse la cabeza con velo, siendo como es la imagen y gloria de Dios, pero la mujer es la gloria del hombre". (*Epístola primera del Apóstol San Pablo a los corintios*)

+ "Las mujeres callen en las iglesias, porque no les es permitido hablar allí, sino que deben estar sumisas, como lo dice también la ley. Que si desean instruirse en algo, se lo pregunten a su marido cuando estén en sus casas. Pues es cosa indecente en una mujer el hablar en la iglesia". (*Epístola primera del Apóstol San Pablo a los corintios*)

+ "La mujer aprenda en silencio, todo con sujeción. Yo no permito que la mujer enseñe, ni tenga autoridad sobre el hombre, sino que esté en silencio. Porque Adán fue formado primero que Eva. Y Adán no fue engañado, sino que la mujer siendo engañada incurrió en la transgresión". (*Epístola primera del Apóstol San Pablo a Timoteo*)

Y para finalizar este apartado, algo relacionado con el *Apocalipsis*, el último libro de la *Biblia*: los ciento cuarenta y cuatro mil salvados, rescatados de la tierra son todos hombres; y, por si esto fuera poco, hombres vírgenes, "los que no se amancillaron con mujeres".

EPÍLOGO

Hemos sostenido al principio de este volumen que la *Biblia*, considerada por los creyentes como una verdad absoluta y original inspirada por Dios es, en realidad, un texto fruto de múltiples escribas –muchas veces con flagrantes contradicciones– suerte de refrito de leyendas y mitos de otras culturas y civilizaciones y que presenta como históricos (y, por lo tanto, verdaderos) sucesos que, en realidad, jamás ocurrieron. Todo ello matizado por operaciones de distorsión (o, lisa y llanamente mentiras) y borramiento acerca de algunos personajes fundamentales y de ciertas mujeres, como es el caso de Lilith o Magdalena. Llegado el final del libro, es válido preguntarnos: ¿hemos podido comprobar aquello que, en un principio, le pedimos al lector que creyera o, por lo menos, presuponiera para seguir adelante con la lectura? Pasemos revista a los principales puntos a los que le hemos quitado el velo a lo largo de los capítulos:

- Lo que la cultura conoce con el nombre de la *Biblia* son en realidad, dos conjuntos de textos (*Antiguo y Nuevo Testamento*) separados nada más ni nada menos que por seis siglos.

- Los cinco primeros libros conocidos como *Pentateu-co o Libros de Moisés* (*Génesis, Éxodo, Levítico, Nú-meros y Deuteronomio*) cuya autoría fue atribuída durante siglos a éste último personaje bíblico es, en realidad, un mosaico de textos escritos en diferentes épocas por cuatro grupos diferentes de escribas.
- Los cuatro Evangelios del *Nuevo Testamento,* atribui-dos a igual número de apóstoles y que llevan por título sus nombres (Mateo, Marcos, Lucas y Juan) no fueron escritos por quienes suscriben su autoría.
- Más allá de las múltiples teorías (nunca satisfactorias) al respecto, resulta inentendible el hecho de que las diez tribus de Israel hayan podido perderse y desa-parecer de la faz de la tierra sin dejar rastro alguno.
- El *Génesis* contiene distintos relatos acerca de la Creación y éstos se contradicen entre sí.
- Varios pasajes de la Creación (la creación del cielo y de la tierra, la iniciación de la tarea creadora a tra-vés de la palabra, la aparición de la luz y del firma-mento y la reunión de las aguas en un solo lugar) son, en realidad, reelaboraciones de mitos primige-nios de origen egipcio.
- Adán, el supuesto primer hombre, no está claro que sexo poseía ni si era realmente el primer hombre y, además, su historia y su nombre, lejos de ser origi-nales, poseen inquietantes parecidos con otros mi-tos y leyendas anteriores.
- La historia presentada en la *Biblia* borra a la verda-dera y primera mujer de Adán que, según la tradi-ción rabínica ocultada, es Lilith.
- El relato de la prohibición, del árbol de la ciencia del Bien y del Mal y la posterior caída de Adán y Eva es, también, un refrito de textos egipcios anteriores. Al-go similar sucede con el personaje de la serpiente.

- Nunca se pudo determinar el lugar preciso donde se encontraba el jardín del Edén.
- El episodio de Caín y Abel, es una suerte de mixtura entre historias similares,una egipcia y, la otra, asiria.
- El diluvio, desde el punto de vista estrictamente "literario", no es original y tiene numerosos antecedentes: sumerio, indio, babilónico, chino. Si se lo pretende tomar, tal como lo hace la *Biblia*, como verdad histórica, como hecho realmente acaecido, resulta lisa y llanamente insostenible. Lo mismo sucede con el Arca de Noé que, dicho sea de paso, jamás se encontró ni siquiera rastro alguno de ella, por más que fue buscada infructuosamente a lo largo de los siglos.
- La torre de Babel no fue más que uno de los múltiples ziggurats babilónicos, y la ira del Señor provocando la confusión de lenguas, una explicación verosímil para justificar ante los creyentes la inexplicable multiplicidad de lenguas que se contrapone al supuesto hecho de que todos descendemos de los mismos padres, Adán y Eva.
- Sodoma y Gomorra, las míticas ciudades destruidas por la ira divina, jamás existieron.
- Las diez plagas de Egipto, lejos de ser eventos milagrosos fruto de la mano iracunda de Jehová, son acontecimientos perfectamente naturales que pueden ser explicados desde la perspectiva científica.
- El éxodo resulta incongruente por razones varias: se eligió la ruta más trabajosa (lo que iba contra la propia supervivencia de los fugitivos), las crónicas egipcias no dan cuenta de un gobierno supuestamente acéfalo como consecuencia de la muerte del Faraón y su ejército, etcétera.
- No hay Diez Mandamientos, sino cuatro versiones

distintas de los mismos, amén de que tampoco son originales, ya que prácticamente todas las culturas de ese momento histórico (entre ellas, la egipcia y la babilónica) poseían una suerte de conjunto de leyes o preceptos recibidos de la mano de sus correspondientes dioses y, por lo tanto, sagrados.

- Moisés, el gran líder, profeta y legislador hebreo no era el humilde pastor que retratan las escrituras, sino un poderoso sacerdote egipcio.
- Sansón fue, en realidad, una figura construida en base a una mezcla de mitos griegos y egipcios adaptados a la relición hebrea.
- David no mató a Goliat, sino que lo hizo Elijanán, guerrero de elite que formaba parte del denominado grupo Los Treinta.
- El demonio no es uno, sino muchos y el hecho de que todos ellos lleven cuernos constituye una forma de demonizar las deidades paganas, tan contrarias a la tradición hebrea, en tanto celebradoras de la vida en todos sus aspectos, en especial aquellos vinculados a la sexualidad y el erotismo.
- Existe una serie de textos conocidos con el nombre de *Evangelios Apócrifos* (los Rollos del mar Muerto y los papiros de Nag Hammadi, entre los más importantes, pero no los únicos) que han sido sistemáticamente ocultados, silenciados y excluidos de los llamados Evangelios Canónicos (la versión oficial de la *Biblia*) porque dan cuenta de una tradición alternativa, de una mirada distinta sobre los hechos y las personas en ellos implicados, que no resultaba conveniente a los sectores que se iban constituyendo como hegemónicos en el poder religioso terrenal.
- El origen divino de Jesús es, en realidad, "decretado", por motivos varios también funcionales al po-

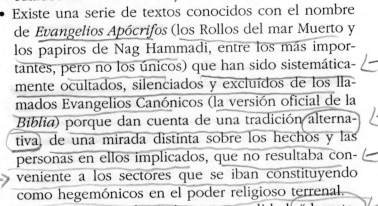

El nunca dijo que era Dios.

der, en el año 325, en el Concilio de Nicea.

- La *Biblia* oficial distorsiona la imagen (verdaderamente potente, trascendental, diríamos) que posee María Magdalena en buena parte de los Evangelios Apócrifos.

Hasta allí hemos llegado en este volumen, luego de arduos meses de investigación bibliográfica y de entrevistas con estudiosos "desviados" de la *Biblia* que nos rogaron permanecer en el anonimato, pero a quienes agradecemos desde lo más profundo. Sin embargo sabemos, tenemos la plena certeza, de que nuestra tarea no está finalizada. Mucho nos queda por hacer al respecto, pero tomamos la decisión de editar este libro a esta altura de nuestra investigación, con la secreta esperanza de que, a partir de su lectura, muchos hombres y mujeres inquietos y pensantes nos acompañen en la tarea de develar la verdad y hacerla pública.

Ya está lleno de engaños.

ÍNDICE